잡아라! 텍스트 마이닝 with 파이썬

지금 바로 할 수 있는 데이터 추출과 분석

잡아라! 텍스트 마이닝 with 파이썬

지금 바로 할 수 있는 데이터 추출과 분석

서대호 지음

BJPUBLIC

서문

필자는 2014년 산업공학과 석사과정부터 빅데이터 분석에 관심을 갖게 되었습니다. 그 당시까지만 해도 국내에서 빅데이터 분석에 관한 관심이 지금처럼 크지 않았습니다. 하지만 학부 시절에 개발, 보안, 네트워크 등의 여러 분야를 조금씩 공부해봤지만, 흥미가 없었고 잘 따라 하기도 힘들었습니다. 그러나 데이터, 통계 관련해서는 재밌고 성적도 잘 나와 석사과정에서 좀 더 깊이 공부하기 시작하였습니다. 석사과정을 마치고 병역특례 전문연구요원으로 회사생활을 하면서 빅데이터 분석에 더욱 매진하였습니다. 특히 그 당시 알파고와 이세돌의 대결이 이슈가 되면서 국내에 빅데이터 분석이 주목받기 시작하였습니다. 그래서 저는 빅데이터 분석을 더욱 깊이 공부하기 위해 이직, 박사과정 진학 등을 하며 계속해서 저를 발전시켜 왔습니다.

4차 산업혁명의 주요 기술로는 인공지능, 사물인터넷, 블록체인, 3D 프린팅, 자율주행차, 드론 등이 있는데 이 모든 기술의 공통점은 빅데이터입니다. 빅데이터에 기반하여야 위의 기술들이 비로소 제대로 그 진가를 발휘할 수 있습니다. 즉, 사람의 판단이 아니라 빅데이터에 기반한 자율화가 보편화될 것입니다. 따라서 빅데이터 분석가는 어떠한 분야이든지 필요하게 될 것이며 앞으로 그 수요가 폭발적으로 늘어날 것입니다.

데이터의 종류는 정말 많습니다. 수치, 텍스트, 이미지, 영상, 소리 등 각 데이터마다 특성에 따라 분석 방법도 제각각입니다. 하지만 우리가 가장 많이 보고 접하는 데이터는 역시 텍스트 데이터입니다. 메신저로 문자로 보내거나 포털 사이트에서 뉴스를 보거나 SNS에 댓글을 쓰거나 모든 것이 다 텍스트 데이터입니다. 따라서 텍스트 데이터 분석은 빅데이터 분석 중에서 가장 필요한 부분입니다.

하지만 국내에 텍스트 마이닝 관련 서적은 매우 빈약합니다. 필자가 이 책을 쓰기 전에 사전 조사한 결과로는 겨우 3권 남짓하였으며 그마저도 파이썬으로 분석한 책은 찾아볼 수가 없었습니다. 물론 R도 텍스트 분석에 좋은 도구이지만 NLTK를 필두로 한 파이썬의 강력한 텍스트처리 관련 라이브러리와 각종 토픽모델링 및 딥러닝 라이브러리들이 파이썬을 매우 매력적으로 보이게 합니다. 따라서 최근에는 파이썬을 텍스트 분석에 더 많이 쓰고 있는 추세입니다.

텍스트 마이닝은 꼭 공학도가 아니더라도 어떠한 분야의 종사자들도 매우 유용하게 사용할 수 있습니다. 특히 기업 마케팅 인사이트 도출을 위해 매우 유용하며 인문사회계열 대학원생, 교수님들이 논문을 쓰기 위해서도 매우 유용합니다. 특히 이 책은 비전공자들도 쉽게 이해할 수 있도록 각 방법론의 핵심 개념을 짧게 요약하고 예제를 통하여 활용 방법을 설명하는 식으로 구성하였습니다. 또한, 텍스트 데이터 수집을 위한 크롤링 파트도 넣었습니다. 많은 분들이 쉽게 이해하고 활용할 수 있는 책이 되길 바랍니다.

마지막으로 이 책을 출판하게 해주신 비제이퍼블릭 직원분들께 감사의 말씀을 드립니다. 앞으로도 더욱 많은 책들로 인연을 맺으리라 믿습니다.

2019년 4월
서대호

저자 소개

서 대 호

한양대학교에서 정보시스템학과을 전공하고 한양대학교 산업공학과에서 석사 학위를 받았으며 이후 한국과학기술원, 모비젠, 전자부품연구원에서 연구원으로 재직하며 빅데이터 분석을 연구하였다. 현재 연세대학교 정보대학원에서 박사과정 중에 있으며 다수 기업의 데이터 분석 컨설팅, 데이터 분석 솔루션 개발을 독자적으로 맡아서 하고 있다. 관심 연구분야는 텍스트 마이닝, 쇼핑몰 인사이트 분석 및 추천 알고리즘, 이상탐지, 프로세스마이닝, 이미지 처리다. 또한 빅데이터 분석 회사 대운(www.daewoonbigdata.com)을 창업하여 활동 중이다.

목차

01 | 텍스트 마이닝이란?

01 텍스트 마이닝이란?

텍스트 마이닝이란 비정형 데이터에서 사용자가 분석 도구를 이용하여 새롭고 유용한 정보를 찾아내는 과정 또는 기술을 말합니다. 데이터 마이닝과 마찬가지로 텍스트 마이닝은 비정형 텍스트 데이터로부터 의미 있는 패턴을 탐구하여 의미 있는 정보를 찾아냅니다. 데이터 마이닝과 다른 점은 텍스트 마이닝은 데이터 근원이 문서에 있으며 데이터 형태가 데이터베이스에 정형화되지 않고 문서 안에 비정형화된 형태로 있다는 점입니다.

- **데이터 마이닝**
  - 데이터에서 의미 있는 정보를 추출하는 기술
  - 고급 통계 분석과 모델링 기법을 적용하여 데이터 안의 패턴과 관계를 찾아내는 과정

- **텍스트 마이닝**
  - 텍스트 문서에서 의미 있는 정보를 추출하는 기술
  - 비정형 텍스트 데이터를 정형화 및 특징을 추출하는 과정이 요구됨
  - 컴퓨터가 인식해 처리하는 자연어 처리(NLP) 기술에 기반을 두고 데이터를 가공하는 기술

데이터 마이닝은 기본적으로 정형화된 형태의 데이터로 가정하고 있습니다. 따라서 대부분 전처리 과정이 데이터 정제, 정규화, 병합 정도에 그칩니다. 반면에 텍스트 마이닝은 전처리 과정 대부분이 자연어 문서로부터 의미 있는 특징을 추출하는 데 집중되어 있습니다. 이러한 전처리는 문서 안의 비정형 데이터를 정형화된 형태로 바꾸는 과정이며 데이터 마이닝에서는 거의 볼 수 없는 과정입니다.

텍스트 마이닝을 위해서는 우선 텍스트 문서를 수집해야 하며 수집된 문서에서 특징을 추출하여 분석해야 합니다. 문서 수집과 특징 추출에 관해서 다루어 보겠습니다.

1.1. 문서 수집

텍스트 마이닝에서 가장 중요한 것은 역시 데이터로 이용할 문서 수집 세트입니다. 문서 세트는 어떠한 형태의 텍스트 기반 문서 집합이면 가능합니다. 대부분은 텍스트 마이닝 기법들은 대용량의 문서 세트로부터 의미 있는 패턴을 찾아내는 데 있습니다. 문서 세트는 적게는 수천 건에서 많게는 수억 건 이상이 될 수 있습니다. 특히 웹크롤링 기술의 발달로 크롤링 기술만 익히면 어렵지 않게 대용량 텍스트 데이터를 수집할 수 있어 텍스트 마이닝을 다방면에 활용할 수 있습니다.

문서 수집은 초기 수집된 대량의 문서로 텍스트 마이닝을 수행할 수 있고 시간에 따라 주기적으로 문서를 추가, 수정한 후 텍스트 마이닝 알고리즘을 동적으로 수행할 수도 있습니다. 물론 문서가 대용량일수록, 주기적으로 문서가 업데이트될수록 텍스트 마이닝의 결과가 더 의미 있을 것입니다.

텍스트 데이터가 비정형 데이터라 어떠한 규격도 없다는 고정관념이 있을 수 있지만, 자세히 살펴보면 숨어있는 규격 혹은 규칙을 발견할 수 있습니다. 텍스트 안의 마침표, 대문자, 숫자, 특수문자, 띄어쓰기, 표 등은 텍스트의 하위 요소들을 발견할 때 좋은 단서가 될 수 있습니다. 문단, 제목, 날짜, 저자 이름, 헤더, 각주 등의 하위 요소들을 위와 같이 숨어있는 규칙으로부터 끌어낼 수 있습니다. 또한, 텍스트가 HTML 웹페이지, e-mail, XML 형태 등으로 일관된 형식으로 쓰여 있는 경우가 있습니다. 이러한 데이터는 반정형 데이터라 불리며 텍스트 안의 메타데이터를 상대적으로 추론하기 쉽습니다.

1.2. 문서 특징

텍스트 데이터 전처리 과정에서는 대량의 텍스트 데이터를 구조화된 방식으로 변형한 후 특징을 추출하는 과정이 필요합니다. 대량의 텍스트 안에 내재되어 있는 특징을 추출하는 과정은 꽤나 힘겨운 과정이며 추출할 수 있는 특징의 종류도 다양하여 분석가의 숙련된 기술이 필요합니다.

특히, 텍스트 데이터로부터 추출되는 특징을 변수로 볼 때 일반적인 데이터 마이닝보다 변수의 수가 훨씬 많아지게 됩니다. 예를 들어 문서의 단어를 특징으로 볼 때 모든 문서의 단어들을 하나하나의 변수로 보기 때문에 변수의 개수가 무한정 많아지게 됩니다. 즉, 일반적인 데이터 마이닝에 비해 텍스트 마이닝은 데이터의 차원이 훨씬 큽니다. 이렇게 데이터의 차원이 커지게 되면 패턴추출을 위한 작업이 더 많아지고 부가적인 정제 작업도 많아질 수 있습니다. 또한, 차원이 커지게 되면 희박한 특징 (feature sparsity) 문제가 대두됩니다. 희박한 특징 문제는 매우 소량의 문서 세트에서만 특징(변수)값이 나타날 때 발생하는 문제입니다. 즉, 대부분의 데이터값이 0이고 매우 소수의 데이터값에만 값이 채워져 있는 경우를 예로 들 수 있습니다.

문서에서 추출할 수 있는 특징은 용어, 개념으로 분류할 수 있습니다. 대부분의 분석에서는 단어 기반으로 특징을 추출하여 분석하는 것이 보편화되어 있습니다.

우선 문서에서 단어들을 추출하는 방식이 특징 추출 방법으로 많이 이용됩니다. 단어 추출은 품사 태깅을 이용하거나 사전에서 단어를 맵핑하여 추출하기도 합니다. 단어 추출 방법은 매우 다양하고 광범위합니다. 단어 추출을 어떤 방식으로 하느냐에 따라 분석 결과에 큰 영향을 미칠 수 있습니다. 단어 추출의 다양한 방법은 이후 챕터에서 다룰 예정입니다.

두 번째로 개념(concept)도 텍스트 데이터에서 추출할 수 있는 특징이 될 수 있습니다. 특정 텍스트의 개념이 단어 수준 추출에서는 발견할 수 없지만 어떠한 개념에 포함될 수 있습니다. 예를 들어, 호텔 리뷰 안에 '호텔' 또는 '숙박'이라는 단어가 없을 수도 있지만, 이 리뷰가 문맥적으로 호텔의 리뷰에 관한 것일 수 있습니다. 따라서 사용자 정의 또는 외부 지식을 이용해 각 텍스트의 개념에 대해 값을 매길 수 있습니다. 이러한 방법은 외부 지식을 많이 요구하고 사용자의 주관에 따라 결과가 바뀔 여지가 크기 때문에 많이 이용되지는 않습니다.

이처럼 분석을 위한 문서 데이터를 수집하고 특징까지 추출하면 텍스트 마이닝 기법들을 적용할 수 있습니다. 이 책에서는 현재 자주 활용되고 있는 텍스트 마이닝 알고리즘의 개념에 대해서 살펴본 후 파이썬(Python) 프로그래밍 언어를 이용하여 분석하는 방법을 설명하고자 합니다. 이 책에서 소개된 코드들은 깃허브(뒤표지 참조)를 통해 다운로드할 수 있습니다.

02 | 데이터 사전 처리를 위한 기초 파이썬 코딩

02 데이터 사전 처리를 위한 기초 파이썬 코딩

본 책에서는 파이썬 프로그래밍 언어를 이용해 텍스트 마이닝을 수행할 예정입니다. 따라서 독자들이 파이썬 코드를 어느 정도 수행할 줄 알아야 이 책의 내용을 따라올 수 있습니다. 물론 모든 알고리즘에 대한 코드는 공개할 것입니다. 하지만 본 책에서 제시하는 코드를 독자들이 가지고 있는 데이터에 직접 대입하여 수행하려면은 데이터 전처리가 필수적입니다. 데이터 전처리는 처음 수집한 데이터에 따라 다양한 방법으로 할 수 있고 특별히 어떤식으로 해야된다라는 규칙도 없습니다. 사용자들의 입맛과 기술에 맞는 방식으로 전처리를 하여 데이터가 분석에 알맞은 형태로 정제되면 본 책에서 제시하는 알고리즘 코드들을 수행할 수 있습니다.

본 책에서 파이썬 문법을 모두 다룰 수는 없습니다. 하지만 데이터 전처리에 가장 많이 쓰이는 대표적인 파이썬 라이브러리의 함수들을 살펴보고 정규화 표현식을 이용한 문자열 추출까지 살펴볼 예정입니다.

2.1. 아나콘다 설치

아나콘다는 파이썬 기본 패키지에 각종 수학/과학 라이브러리들을 묶어서 같이 패키징하는 배포 버전입니다. 즉, 아나콘다 하나만 설치하면 파이썬부터 파이썬 프로그래밍에 필요한 툴 및 기본적으로 많이 사용되는 라이브러리들까지 한 번에 설치해 줍니다. 여기서 주의할 점은 아나콘다 하나만 설치해도 파이썬이 설치되기 때문에 아나콘다 설치 전에 파이썬을 따로 설치하지 마시길 바랍니다. 아나콘다는 다음 페이지 링크를 이용해 다운로드할 수 있습니다.

https://www.anaconda.com/download/

1) 본인 컴퓨터 OS, 비트 수에 맞는 버전을 다운로드합니다. 필자의 컴퓨터는
   Window 64bit이므로 그에 맞는 버전을 다운로드하였습니다.

2) 아나콘다 배포판 설치 파일을 정상적으로 내려받았다면 설치를 시작합니다.
   아래 그림과 같이 첫 번째 설치 화면이 나오면 [Next] 버튼을 클릭해 다음 단계
   로 진행합니다.

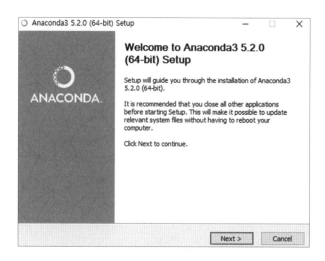

3) 라이선스 동의에 관한 내용입니다. [I Agree] 버튼을 클릭해 다음 단계로 이동
합니다.

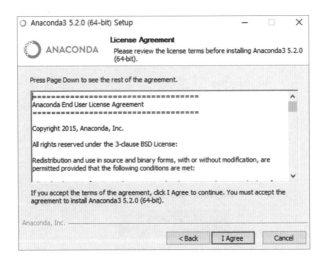

4) 설치 유형을 선택하는 단계에서는 [Just me]를 선택한 후 [Next] 버튼을 클릭합
니다.

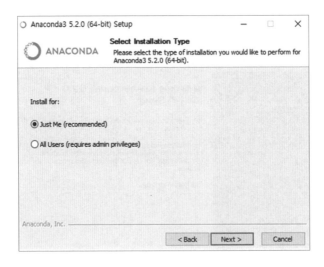

5) 아나콘다 배포판이 설치될 디렉터리를 선택하는 화면입니다. 특별히 원하는

경로가 있으면 경로를 수정해주면 되고 그렇지 않으면 그냥 default로 되어 있
는 경로로 [Next]를 선택하면 됩니다.

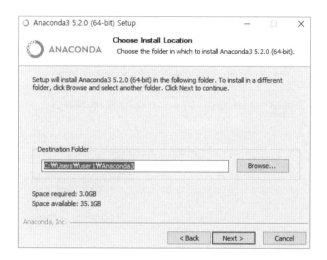

6) 추가 옵션 선택화면에서 다음 그림과 같이 아래 옵션만 체크한 상태로 [Install]
버튼을 클릭해 설치를 시작합니다.

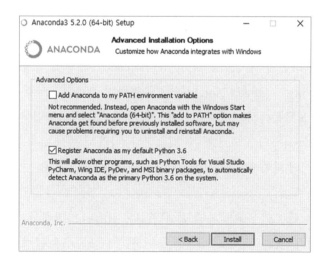

7) 설치가 완료되면 화면에 'Completed'라는 메시지가 출력됩니다. 이때 [Next]

버튼을 눌러 다음 단계로 이동합니다. 이로써 아나콘다 배포판의 모든 설치 과정이 완료됐습니다. 다음 그림과 같이 visual studio code 설치를 묻는 화면이 나타나는데 [Skip]을 누른 후 [Finish] 버튼을 클릭해 설치 과정을 종료합니다.

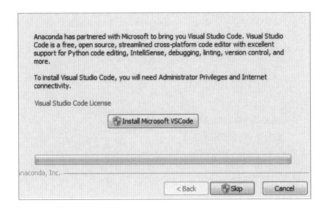

2.2. 주피터 노트북

아나콘다를 설치하면 주피터 노트북(jupyter notebook)이 함께 설치됩니다. 시작 → Anaconda3(64-bit) → Jupyter Notebook을 클릭하면 주피터 노트북을 실행할 수 있습니다. 주피터 노트북에서는 공책을 사용하듯이 코드를 작성하면서 설명도 넣을 수 있고, 코드 결과를 step별로 바로 볼 수 있습니다. 따라서 분석 로직을 step별로 밟아 나가야 하는 데이터 과학에 매우 적합한 tool이라고 볼 수 있습니다.

주피터 노트북은 웹 브라우저를 통해 실행됩니다. 실행된 화면에서 파이썬 노트북을 만들어보겠습니다. 오른쪽 [New] 버튼을 클릭한 뒤 Python 3을 클릭합니다.

이제 새 노트북 화면이 나옵니다. 코드를 작성하기 전에 설명 또는 주석을 먼저 넣어 보겠습니다. 메뉴의 드롭다운 목록에서 [Markdown]을 선택하고 다음 내용을 입력 합니다.

그 후 메뉴에서 [Run] 버튼을 클릭하면 설명이 적용되고 아래에 셀(Cell)이 생깁니다.

다음에는 In[ ]: 오른쪽에 print('안녕하세요!')를 입력합니다. 파이썬 코드를 입력했으면 실행을 해보겠습니다. 메뉴에서 다시 [Run] 버튼을 클릭하거나 간단하게 단축키 Shift+Enter로 실행할 수도 있습니다.

이런 방식으로 셀을 추가하면서 코드와 설명을 작성할 수 있습니다. 주피터 노트북은 코드 입력, 입력 결과, 코드에 대한 설명을 모두 한 번에 작성할 수 있어 체계적인 분석이 가능합니다. 특히 한 노트북 안에 들어있는 코드 셀은 모두 실행 상태가 연결됩니다. 즉, 어느 코드 셀에서 변수를 만들면 다른 코드 셀에서도 해당 변수를 사용할 수 있습니다.

2.3. pandas 라이브러리

pandas 라이브러리는 파이썬을 이용해 데이터 분석을 할 때 가장 많이 사용하는 라이브러리라고 말할 수 있습니다. pandas 라이브러리만을 이용한 데이터 분석 서적도 여러 권 있을 정도로 라이브러리 사용이 쉽지만, 그 효과가 강력하여 보편적으로 활용되고 있습니다. 아나콘다를 설치하면 pandas 라이브러리가 자동으로 포함되어 설치됩니다.[*]

본 책에서는 pandas 라이브러리를 이용하여 텍스트 데이터를 가공, 정제하는 작업을 할 것입니다. 따라서 pandas 라이브러리의 모든 기능을 일일이 외울 필요는 없지만 자주 사용되는 자료 구조와 색인, 병합 기능을 살펴볼 예정입니다.
다음은 pandas 라이브러리 공식 홈페이지에 소개된 pandas의 기능들입니다.

- 결측치 처리
- 열(필드)의 삽입과 제거
- 데이터 정렬
- 데이터 병합
- 타 자료 구조를 pandas 데이터 프레임 형태로의 변환
- 색인, 인덱싱, 부분집합
- 데이터 세트 조인
- 데이터 세트 차원 변환
- 축의 계층적 레이블링
- 다양한 포맷으로의 입출력 기능
- 다양한 시계열 함수

위와 같이 pandas 라이브러리는 다양한 기능들을 매우 쉽게 처리할 수 있도록 돕습니다. 위의 기능들을 살펴보면 짐작하겠지만 대부분 데이터 전처리에 필수적으로 필요한 기능들입니다. 따라서 필자를 포함한 대다수의 데이터 과학자들이 데이터 전처리를 위해 pandas 라이브러리를 범용적으로 활용하고 있습니다. pandas는 아나콘다

---

[*] Wes Mckinny.(2013)"파이썬 라이브러리를 활용한 데이터 분석", (김영근 역), 한빛미디어에서 내용을 참조했습니다.

설치 시 기본으로 함께 설치됩니다. 본 책에서는 앞으로 pandas를 pd라는 닉네임으로 붙여서 사용하겠습니다. 즉, 코드상 pandas 라이브러리를 불러올 때 pd라는 닉네임으로 불러와 좀 더 간결한 표현으로 사용하겠습니다.

```
In [1]: import pandas as pd
```

2.3.1. pandas 자료 구조 소개

pandas에 대해서 알아보려면 Series와 Dataframe, 두 가지 자료 구조에 익숙해져야 합니다. 이 두 가지 자료 구조로 대부분의 데이터 전처리를 수행할 수 있다 해도 과언이 아닙니다.

2.3.1.1. Series

Series는 일련의 객체를 담을 수 있는 1차원의 배열과 같은 자료 구조입니다. 그리고 색인이라고 하는 배열의 데이터에 연관된 이름을 가지고 있습니다.

```
In [2]: obj = pd.Series([4,7,-5,3])

In [3]: obj
out [3]:
0    4
1    7
2   -5
3    3
dtype: int64
```

Series 객체의 문자열 표현은 왼쪽에 색인을 보여주고 오른쪽에 색인의 해당하는 값을 보여줍니다. 데이터에 색인을 지정하지 않으면 기본 색인인 정수 0에서 데이터의 길이 -1까지의 숫자가 표현됩니다. Series의 값과 색인은 values와 index 속성을 통해 얻거나 지정할 수 있습니다.

```
In [4]: obj.values
out [4]: array([ 4,  7,  -5,  3])

In [5]: obj.index
out [5]: Int64Index([0,  1,  2,  3],  dtype='int64')

In [6]: obj2 = pd.Series([1, 3, -4, 0], index=['a', 'b', 'k', 'z'])

In [7]: obj2
out [7]:
a  1
b  3
k  -4
z  0
dtype: int64
```

Series에서 값을 선택하거나 대입할 때는 색인을 통해 접근합니다.

```
In [8]: obj2['a']
out [8]: 1

In [9]: obj2['a']=11

In [10]: obj2[['k', 'a', 'b']]
out [10]:
k  -4
a  11
b  3
dtype: int64
```

Series는 누락된 값을 찾을 때도 이용됩니다. 본 예제의 코드상에는 모든 색인에 값이 채워져 있으므로 모두 False가 출력됩니다.

```
In [11]: obj2.isnull()
out [11]:
a  False
b  False
k  False
z  False
dtype: bool
```

2.3.1.2. DataFrame

DataFrame은 표와 같은 시트에서 여러 개의 칼럼이 있는데 각 열은 다른 종류의 자료형(숫자, 문자, 불리언)을 담을 수 있습니다. 또한, DataFrame은 각 행과 열에 대한 고유의 색인을 지니고 있습니다.

DataFrame 객체는 같은 길이의 리스트에 담긴 사전을 이용하여 쉽게 생성할 수 있습니다. 여기서 사전이란 파이썬의 한 가지 자료형으로 key와 value를 쌍으로 지닙니다. 즉, 고유의 key값마다 value를 지니고 있으며 key를 통해 그 value에 접근할 수 있습니다.

```
In [12]: data = {'city': ['Seoul', 'Busan', 'Daegu', 'Ulsan'],
                  'year': [2010, 2011, 2012, 2013]}

In [13]: frame = pd.Dataframe(data)

In [14]: frame
out [14]:
   city    year
0  Seoul   2010
1  Busan   2011
2  Daegu   2012
3  Ulsan   2013
```

또한, 원하는 순서대로 열을 지정하면 원하는 순서를 지닌 DataFrame 객체가 생성됩니다.

```
In [15]: frame2 = pd.Dataframe(data, columns=['year', 'city'])

In [16]: frame2
out [16]:
   year   city
0  2010   Seoul
1  2011   Busan
2  2012   Daegu
3  2013   Ulsan
```

DataFrame의 열은 사전 형식의 표기법으로 접근할 수 있습니다.

```
In [17]: frame2['city']
out [17]:
0  Seoul
1  Busan
2  Daegu
3  Ulsan
Name: city, dtype: object
```

DataFrame은 열과 마찬가지로 행에도 색인을 넣을 수 있습니다.

```
In [18]: frame3 = pd.Dataframe(data, index=['one', 'two', 'three', 'four'])

In [19]: frame3
out [19]:
        city    year
one     Seoul   2010
two     Busan   2011
three   Daegu   2012
four    Ulsan   2013
```

행에 색인을 넣으면 행 색인을 통해서 데이터를 추출할 수도 있습니다.

```
In [20]: frame3.ix['two']
out [20]:
city  Busan
year  2011
Name: two, dtype: object
```

DataFrame에서는 행렬전치(transpose)도 쉽게 수행할 수 있습니다.

```
In [21]: frame3.T
out [21]:
        one     two     three   four
city    Seoul   Busan   Daegu   Ulsan
year    2010    2011    2012    2013
```

특정 행이나 열을 삭제하고 싶을 때가 있는데 drop 메서드를 사용하면 선택한 값이 삭제된 새로운 객체를 얻을 수 있습니다.

```
In [22]: frame3.drop[['two', 'three']]
out [22]:
        city    year
one     Seoul   2010
four    Ulsan   2013

In [23]: frame3.drop['city', axis=1]
out [23]:
        year
one     2010
two     2011
three   2012
four    2013
```

어떠한 기준에 근거하여 데이터를 정렬하는 것 역시 매우 중요합니다. 행이나 칼럼
의 색인을 알파벳 순으로 정렬하거나 데이터값을 크기에 따라 정렬할 수 있습니다.

```
In [24]: frame4 = pd.DataFrame([[1,3,2,5],[4,2,6,1]], index=['three', 'one'],
columns=['d', 'a', 'b', 'c'])

In [25]: frame4
out [25]:
        d       a       b       c
three   1       3       2       5
one     4       2       6       1

In [26]: frame4.sort_index()
out [26]:
        d       a       b       c
one     4       2       6       1
three   1       3       2       5

In [27]: frame4.sort_index(axis=1)
out [27]:
        a       b       c       d
three   3       2       5       1
one     2       6       1       4
```

정렬 메서드는 기본적으로 오름차순으로 되어있지만 내림차순으로도 정렬할 수 있습니다.

```
In [28]: frame4.sort_index(axis=1,ascending=False)
out [28]:
        d       c       b       a
three 1       5       2       3
one   4       1       6       2
```

특정 열의 값에 따라서 행들을 정렬할 수 있습니다.

```
In [29]: frame4.sort_values(by=['c'])
out [29]:
        d       a       b       c
one   4       2       6       1
three 1       3       2       5
```

지금까지 설명한 것들 이외에도 pandas 라이브러리를 이용하여 데이터를 처리하는 방법은 더 많이 있습니다. 하지만 본 책의 목적이 pandas의 기능을 설명하는 것이 아니기 때문에 가장 많이 쓰이는 핵심 기능만 소개하였습니다. 앞으로 본 책에서 텍스트 마이닝을 위해 pandas 라이브러리의 새로운 기능들을 쓸 때마다 부가 설명을 덧붙이도록 하겠습니다.

2.4. numpy 라이브러리

numpy는 Numerical Python의 줄임말로 고성능의 과학 계산 컴퓨팅과 데이터 분석에 필요한 라이브러리입니다. numpy에서 제공하는 기능은 다음과 같습니다.[*]

---

[*] Wes Mckinny.(2013)"파이썬 라이브러리를 활용한 데이터 분석", (김영근 역), 한빛미디어에서 내용을 참조했습니다.

- 다차원 배열 ndarray
- 선형대수, 난수 발생기, 푸리에 변환 기능
- 반복문을 작성할 필요 없이 전체 데이터 배열에 대해 빠른 연상을 제공하는 표준 수학 함수
- C, C++, 포트란으로 쓰인 코드를 통합하는 도구

2.4.1. numpy 다차원 배열 객체

numpy의 핵심 기능 중 하나는 다차원 배열 개체라 불리는 ndarray로 파이썬에서 사용할 수 있는 대규모 데이터 집합을 담을 수 있는 빠르고 유연한 자료 구조입니다. 다음 코드 예시에서는 0에서 1 사이의 난수를 발생시켜 2×3 행렬에 담아보겠습니다.

```
In [30]: import numpy as np

In [31]: data = np.random.randn(2,3)

In [32]: data
out [32]:
array([[-0.11671914, -0.45874351,  0.30579575],
       [ 0.71678173,  1.94121257,  0.98404235]])
```

ndarray로 만든 자료형은 자유롭게 사칙연산이 가능합니다.

```
In [33]: data*2
out [33]:
array([[-0.23343828, -0.91748701,  0.61159149],
       [ 1.43356347,  3.88242513,  1.96808469]])

In [34]: data+data+data
out [34]:
array([[-0.35015741, -1.37623052,  0.91738724],
       [ 2.1503452 ,  5.8236377 ,  2.95212704]])
```

배열의 차원의 크기를 알려면 shape 메서드를 이용합니다. 한편, ndarray는 같은 종류의
데이터만 담을 수 있습니다. 즉, ndarray의 모든 원소는 같은 자료형이어야만 합니다.

```
In [35]: data.shape
out [35]:
(2, 3)

In [36]: data.dtype
out [36]:
dtype('float64')
```

새로운 배열을 생성하기 위한 여러 가지 함수가 있습니다. 예를 들어 zeros와 ones는
주어진 길이나 모양에 각각 0과 1이 들어있는 배열을 생성합니다. empty 함수는 난
수를 발생시켜 배열을 생성합니다.

```
In [37]: np.zeros((3,6))
out [37]:
array([[0., 0., 0., 0., 0., 0.],
       [0., 0., 0., 0., 0., 0.],
       [0., 0., 0., 0., 0., 0.]])

In [38]: np.ones((3,6))
out [38]:
array([[1., 1., 1., 1., 1., 1.],
       [1., 1., 1., 1., 1., 1.],
       [1., 1., 1., 1., 1., 1.]])

In [10]: np.empty((4,6))
out [10]:
array([[6.23042070e-307, 4.67296746e-307, 1.69121096e-306,
        9.34609111e-307, 1.89146896e-307, 1.37961302e-306],
       [1.05699242e-307, 8.01097889e-307, 1.78020169e-306,
        7.56601165e-307, 1.02359984e-306, 1.15710088e-306],
       [6.23056330e-307, 1.24610723e-306, 9.34609790e-307,
        1.29061821e-306, 9.34604358e-307, 7.56594375e-307],
       [1.33510679e-306, 2.22522597e-306, 1.33511018e-306,
        8.34448957e-308, 7.56602524e-307, 1.42410974e-306]])
```

numpy도 색인을 통해 데이터값에 접근할 수 있습니다.

```
In [39]: arr = np.arange(10)

In [40]: arr
out [40]:
array([0, 1, 2, 3, 4, 5, 6, 7, 8, 9])

In [41]: arr[5]
out [41]:
5

In [42]: arr[5:8]
out [42]:
array([5, 6, 7])
```

다차원 배열도 색인을 통해 접근할 수 있습니다. In 46, In47에서 보듯이 개별 값에
접근하기 위해서는 재귀적으로 접근할 수도 있고 콤마도 구분된 색인 리스트를 넘겨
도 됩니다.

```
In [43]: arr2d = np.array([[1,2,3],[4,5,6],[7,8,9]])

In [44]: arr2d
out [44]:
array([[1, 2, 3],
       [4, 5, 6],
       [7, 8, 9]])

In [45]: arr2d[1]
out [45]:
array([4, 5, 6])

In [46]: arr2d[1][0]
out [46]:
4

In [47]: arr2d[1,0]
out [47]:
4
```

다차원 배열에서는 마지막 색인을 생략하면 반환되는 객체는 상위 차원의 데이터를 포함하고 있는 한 차원 낮은 ndarray가 됩니다. 예를 들어 arr3d가 2×2×3 크기의 배열이라면 arr3d[0]은 2×3 크기의 배열이 됩니다.

```
In [48]: arr3d = np.array([[[1,2,3],[4,5,6]],[[7,8,9],[10,11,12]]])

In [49]: arr3d
out [49]:
array([[[  1,   2,   3],
        [  4,   5,   6]],

       [[  7,   8,   9],
        [ 10,  11,  12]]])

In [50]: arr2d[0]
out [50]:
array([[1, 2, 3],
       [4, 5, 6]])
```

슬라이스를 이용하여 색인을 할 수도 있습니다. 슬라이스 색인은 시작점:끝점 식으로 슬라이스를 할 수 있습니다. 만약 시작점이나 끝점 중 하나가 생략되면 데이터의 시작점(0) 또는 끝점(데이터 길이)으로 자동 할당됩니다. 또한, 끝점에 해당하는 색인은 반환되지 않으면 끝점 -1까지의 색인이 접근됩니다. 예를 들어 2:5는 2, 3, 4 색인이 반환되며 :3은 0, 1, 2 색인이 반환됩니다. 1:은 1색인부터 데이터 끝까지의 색인이 반환됩니다.

```
In [51]: arr2d = arr2d[:2,1:]
out [51]:
array([[2, 3],
       [5, 6]])
```

지금까지 아나콘다를 이용한 파이썬 설치와 주피터 노트북 실행법, pandas 및 numpy를 이용한 데이터 처리에 대해서 살펴보았습니다. 여기까지 잘 이해하셨다면 본격적으로 데이터 분석을 위한 준비가 되었다고 볼 수 있습니다. 이제부터 텍스트 마이닝을 익혀보겠습니다.

03 | 텍스트 데이터

이전 장에서 데이터 전처리를 위한 라이브러리들을 익혔다면 본 장에서는 텍스트 데이터를 어떻게 처리할지 다룹니다. 텍스트는 수치형 데이터와 다르게 분석 전 정교한 정제 작업이 필요합니다. 언어별로 품사 구성이 다르고 같은 의미의 단어가 여러 형태로도 쓰일 수 있는 등 어떠한 자료형과 비교해봐도 가장 손이 많이 가는 자료 형태라고 볼 수 있습니다.

3.1. 정규 표현식

정규 표현식은 텍스트 문자열을 어떠한 패턴으로 파악하여 식별하는 데 쓰입니다. 즉, 정규 표현식은 문자열이 주어진 규칙에 일치하는지, 일치하지 않는지 판단할 수 있습니다. 정규 표현식을 이용하여 특정 패턴을 지닌 문자열을 찾을 수 있어 텍스트 데이터 사전 처리 및 이후에 다룰 크롤링에서 널리 쓰이고 있습니다. 예를 들어 신문 기사 텍스트들을 수집하여 분석하고 싶은데 모든 기사마다 기자의 이메일 주소기 문구에 있어 분석에 방해가 될 때가 있습니다. 기사 본문이 중요하지 이메일 주소는 분석에 도움이 되지는 않기 때문입니다. 이럴 때 정규 표현식을 사용하여 이메일 주소 패턴에 해당하는 문자열을 찾아 삭제할 수 있습니다.

```
In [1]: string = "기상청은 슈퍼컴퓨터도 서울지역의 집중호우를 제대로 예측하지 못했다고 설명
했습니다. 왜 오류가 발생했는지 자세히 분석해 예측 프로그램을 보완해야 할 대목입니다. 관측 분야는
개선될 여지가 있습니다. 지금 보시는 왼쪽 사진이 현재 천리안 위성이 촬영한 것이고 오른쪽이 올해 말
쏘아 올릴 천리안 2A호가 촬영한 영상입니다. 오른쪽이 왼쪽보다 태풍의 눈이 좀 더 뚜렷하고 주변 구
름도 더 잘 보이죠. 새 위성을 통해 태풍 구름 등의 움직임을 상세히 분석하면 좀 더 정확한 예측을 할 수
```

있지 않을까 기대해 봅니다. 정구희 기자(koohee@sbs.co.kr)"

```
In [2]: string
out [2]:
'기상청은 슈퍼컴퓨터도 서울지역의 집중호우를 제대로 예측하지 못했다고 설명했습니다. 왜 오류가 발
생했는지 자세히 분석해 예측 프로그램을 보완해야 할 대목입니다. 관측 분야는 개선될 여지가 있습니
다. 지금 보시는 왼쪽 사진이 현재 천리안 위성이 촬영한 것이고 오른쪽이 올해 말 쏘아 올린 천리안 2A
호가 촬영한 영상입니다. 오른쪽이 왼쪽보다 태풍의 눈이 좀 더 뚜렷하고 주변 구름도 더 잘 보이죠. 새
위성을 통해 태풍 구름 등의 움직임을 상세히 분석하면 좀 더 정확한 예측을 할 수 있지 않을까 기대해
봅니다. 정구희 기자(koohee@sbs.co.kr)'

In [3]: import re
In [4]: re.sub("\([A-Za-z0-9\._+]+@[A-Za-z]+\.(com|org|edu|net|co.
kr)\)","",string)
out [4]:
'기상청은 슈퍼컴퓨터도 서울지역의 집중호우를 제대로 예측하지 못했다고 설명했습니다. 왜 오류가 발
생했는지 자세히 분석해 예측 프로그램을 보완해야 할 대목입니다. 관측 분야는 개선될 여지가 있습니
다. 지금 보시는 왼쪽 사진이 현재 천리안 위성이 촬영한 것이고 오른쪽이 올해 말 쏘아 올릴 천리안 2A
호가 촬영한 영상입니다. 오른쪽이 왼쪽보다 태풍의 눈이 좀 더 뚜렷하고 주변 구름도 더 잘 보이죠. 새
위성을 통해 태풍 구름 등의 움직임을 상세히 분석하면 좀 더 정확한 예측을 할 수 있지 않을까 기대해
봅니다. 정구희 기자'
```

위 코드에서는 괄호로 둘러싸인 이메일 주소 패턴을 정규 표현식으로 찾아내어 삭제
하였습니다. 위 예제처럼 기사가 1건인 경우는 직접 눈으로 보고 삭제해도 되지만 만
약에 기사가 10만 건일 경우 하나하나 눈으로 보고 삭제할 수는 없겠지요. 이처럼 어
떤 반복적인 문자열을 찾고 싶을 때 정규 표현식은 매우 유용하게 쓰일 수 있습니다.
이메일 주소 패턴을 찾는 정규 표현식에 관한 설명은 아래와 같습니다.

₩([A-Za-z0-9\._+]+	이메일 주소가 처음에 괄호로 둘러싸여 있기 때문에 특수문자를 원래 의미대로 쓰게 하는 이스케이프 문자 '₩'와 '('를 먼저 써줍니다. 그다음에 대괄호 '[ ]' 안에 이메일 주소 패턴을 넣습니다. 대괄호 안에 넣으면 대괄호에 들어 있는 것들 중 아무거나라는 뜻입니다. A-Z, a-z, 0-9는 각각 A부터 Z까지 대문자 중 하나, 소문자 중 하나, 0부터 9까지 숫자 중 하나라는 뜻입니다. 따라서 알파벳 대소문자, 숫자, 마침표, _ 기호, + 기호 중 아무거나 하나 들어가 있는 경우는 다 찾아줍니다. 단 마침표의 경우 특수문자를 원래 의미로 쓰게 하기 위해 이스케이프 문자 '₩'와 같이 써줍니다. 대괄호 다음에 나오는 + 기호는 바로 앞에 있는 것이 최소 한 번 이상 나와야 한다는 것을 의미합니다.

@	이메일 주소 다음에는 반드시 @가 하나 나와야 합니다.
[A-Za-z]+	@ 다음에는 알파벳 대문자 또는 소문자로 도메인 주소가 나와야 합니다.
₩.	도메인 주소 다음에는 마침표가 나와야 합니다. 이스케이프 문자 '₩' 도 함께 써줍니다.
(com|org|edu|net|co.kr)₩)	'|' 파이프 문자는 or 조건을 의미합니다. 도메인 주소 마침표 다음에 나올 수 있는 패턴들을 나열한 것입니다. 마지막에 '₩)'를 통해 이메일 주소를 닫는 괄호까지 찾아줍니다.

정규 표현식은 프로그래밍 언어마다 조금씩 다릅니다. 본 책에서는 파이썬을 이용한 텍스트 마이닝이 주제이므로 파이썬 프로그래밍 언어를 기준으로 정규 표현식 기호에 대해 다루겠습니다. 아래 표는 널리 자주 쓰이는 정규 표현식 기호에 대한 설명입니다.

기호	의미
*	바로 앞에 있는 문자, 하위 표현식이 0번 이상 반복됨을 나타냅니다.
+	바로 앞에 있는 문자, 하위 표현식이 1번 이상 반복됨을 나타냅니다.
[]	대괄호 안에 있는 문자 중 하나가 나타납니다.
()	괄호 안의 정규식을 하위 표현식 그룹으로 만듭니다. 정규 표현식을 평가할 때는 하위 표현식이 가장 먼저 평가됩니다.
.	어떠한 형태든 문자 1자를 나타냅니다.
^	바로 뒤에 있는 문자, 하위 표현식이 문자열 맨 앞에 나타납니다.
$	바로 앞에 있는 문자, 하위 표현식이 문자열 맨 뒤에 나타납니다.
{m}	바로 앞에 있는 문자, 하위 표현식이 m회 반복됩니다.
{m,n}	바로 앞에 있는 문자, 하위 표현식이 m번 이상, n번 이하 나타납니다.
|	|로 분리된 문자, 문자열, 하위 표현식 중 하나가 나타납니다.
[^]	대괄호 안에 있는 문자를 제외한 문자가 나타납니다.

각 기호에 대한 의미를 살펴보았으니 직접 예제를 통해 각 기호가 어떻게 쓰이는지 살펴보겠습니다. 정규 표현식은 re 라이브러리를 이용해 쉽게 구현할 수 있습니다. re 라이브러리의 compile 함수를 통해 정규 표현식을 익힌 후 findall 함수로 정규 표

현식에 부합하는 문자열을 찾을 수 있습니다.

a라는 문자가 1번 이상 나오고 b라는 문자가 0번 이상 나오는 문자열을 찾아보겠습니다.

```
In [5]: import re

In [6]: r=re.compile("a+b*")

In [7]: r.findall("aaaa, cc, bbbb, aabbb")
out [7]:
['aaaa', 'aabbb']
```

대괄호를 이용해 대문자로 구성된 문자열을 찾아보겠습니다.

```
In [8]: r=re.compile("[A-Z]+")

In [9]: r.findall("HOME, home")
out [9]:
['HOME']
```

^와 .을 이용하여 맨 앞에 a가 오고 그다음에 어떠한 형태든 2개의 문자가 오는 문자열을 찾아보겠습니다.

```
In [10]: r=re.compile("^a..")

In [11]: r.findall("abc,cba")
out [11]:
['abc']
```

중괄호 표현식 {m,n}을 이용하여 해당 문자열이 m번 이상 n번 이하 나타나는 패턴을 찾아보겠습니다.

```
In [12]: r=re.compile("a{2,3}b{2,3}")
```

```
In [13]: r.findall("aabb, aaabb, ab, aab")
out [13]:
['aabb', 'aaabb']
```

이제 정규 표현식 문법을 익혔으니 re 라이브러리를 활용하여 정규 표현식을 추출하는 방법을 알아보겠습니다. compile 메서드에 정규 표현식 패턴을 지정한 후 search 메서드에 문자열에 넣고 지정된 정규 표현식 패턴과 일치하는 문자열 위치를 찾을 수 있습니다. 그 후 group 메서드를 통해 패턴과 일치하는 문자들을 그룹핑하여 추출합니다.

```
In [14]: p = re.compile(".+:")

In [15]: m = p.search("http://google.com")

In [16]: m.group()
out [16]:
'http:'
```

또한, sub 메서드를 이용하면 정규 표현식과 일치하는 부분을 다른 문자로도 바꿀 수 있습니다. 아래 예시를 보면 compile 메서드에 정규 표현식을 지정한 후 sub 메서드 첫 번째 인수에 바꿀 문자열을 입력하고 두 번째 인수에 대상 문자열을 입력합니다. 그러면 대상 문자열에서 정규 표현식과 일치하는 부분이 바꿀 문자열로 바뀜을 알 수 있습니다. 만약 정규 표현식과 일치하는 부분을 삭제하고 싶으면 바꿀 문자열인 첫 번째 인수 부분에 "OOO"와 같이 큰따옴표 두 개만 넣으면 됩니다.

```
In [17]: p = re.compile("(내|나의|내꺼)")

In [18]: p.sub("그의", "나의 물건에 손대지 마시오.")
out [18]:
'그의 물건에 손대지 마시오.'
```

3.2. 사전 처리

텍스트 마이닝에 적용되는 텍스트 데이터 집합을 말뭉치(corpus)라고 부릅니다. 말뭉치는 대용량의 정형화된 텍스트 집합으로 정의되는데 그렇다면 '정형화된'이라는 말이 무엇을 의미하는지 알아야 합니다. 텍스트 정형화는 연구 목적과 환경에 따라 다르게 적용될 수 있지만 원(raw) 텍스트 데이터를 정제하거나 사전 처리하는 작업을 정형화 과정이라고 부릅니다.

텍스트 사전 처리 과정에는 특정한 법칙이나 규정은 없지만, 일반적으로 몇 가지 공통적인 과정을 거칩니다. 사전 처리를 어떻게 하느냐에 따라 텍스트 분석 결과가 꽤 다르게 나올 수 있습니다. 사전 처리는 분석 목적과 텍스트의 성격에 부합하는 방향으로 진행되어야 합니다. 또한, 분석가의 주관이 어느 정도 필요한 부분이기도 합니다. 텍스트가 영어인지 한국어인지 중국어인지 등 언어에 따라서도 사전 처리 과정에 차이가 납니다. 따라서 사전 처리 과정을 꼼꼼하고 신중하게 진행할수록 최종 분석 결과가 더욱 빛난다고 볼 수 있습니다. 본 책에서는 영어, 한국어 텍스트를 기준으로 사전 처리를 설명하겠습니다.*

3.2.1. 대소문자 통일

한국어 텍스트에는 해당되지 않지만, 영어의 경우 대·소문자를 구분해야 합니다. 영어의 경우 첫 문장의 첫 단어, 고유명사, 축약어, 강조어 등에 대문자를 사용합니다. 파이썬 프로그래밍 언어는 같은 철자라도 대문자와 소문자를 서로 다른 문자로 인식합니다. 따라서 대문자를 소문자로 통일하던 소문자를 대문자로 통일하던 한 가지 방향으로 통일시켜야 합니다. 일반적으로 대문자들을 모두 소문자로 변환하는 방식을 따릅니다. 대소문자 변환은 lower() 메서드 또는 upper() 메서드를 이용하면 됩니다.

---

* 백영민.(2017), "R를 이용한 텍스트 마이닝", 한울아카데미에서 내용을 참조했습니다.

```
In [19]: s="Hello World"

In [20]: s.lower()
out [20]:
'hello world'

In [21]: s.upper()
out [21]:
'HELLO WORLD'
```

3.2.2. 숫자, 문장부호, 특수문자 제거

원 데이터에는 텍스트뿐만 아니라 숫자, 문장부호, 특수문자들이 모두 포함되어 있습니다. 이러한 것들은 단어가 아니기 때문에 분석할 때 필요 없는 경우가 대부분입니다. 하지만 분석가의 판단에 따라 삭제 시 분석 결과가 왜곡된다고 생각되면 남겨둘 수도 있습니다. 분석 목적과 텍스트의 성격에 따라 판단해야 하는 문제입니다.

먼저 숫자의 경우를 보면 필자는 텍스트 마이닝 시 숫자 데이터를 거의 항상 지우고 시작하였습니다. 텍스트 마이닝은 대규모의 문서 집합, 즉 말뭉치를 대상으로 하기 때문에 각기 서로 다른 문서들에서 사용된 숫자들은 사실 크게 의미를 부여하기 어렵습니다. 각 문서에 사용된 날짜, 수치, 퍼센티지들은 각각의 문서들에서만 의미가 있는 것이지 전체 문서 집합에서는 의미를 부여하기 어렵습니다. 또한, 숫자라는 게 같은 의미를 여러 가지 형태로 표현할 수도 있어 패턴 파악을 더욱 곤혹스럽게 합니다. 예를 들어 가격 100% 상승을 2배 상승으로 바꾸어 표현할 수도 있습니다. 이 경우 숫자는 각각 100과 2가 추출되기 때문에 분석 시 어려움을 안겨줍니다. 이러한 이유 때문에 텍스트 마이닝 시 숫자들은 제거하는 것이 일반적입니다. 숫자 제거는 정규 표현식을 이용해 간단히 처리할 수 있습니다.

```
In [22]: p = re.compile("[0-9]+")

In [23]: p.sub("","서울 부동산 가격이 올해 들어 평균 30% 상승했습니다.")
```

```
out [23]:
'서울 부동산 가격이 올해 들어 평균 % 상승했습니다.'
```

텍스트 데이터에는 많은 문장부호가 사용되며, 각 문장부호마다 고유한 문법적 혹은 의미론적인 기능이 있습니다. 마침표, 콤마, 물음표, 느낌표 등은 각기 고유한 의미를 갖거나 문장의 의미를 명확하게 합니다. 하지만 텍스트 마이닝 시 일반적으로 이러한 문장부호들을 삭제합니다. 왜냐하면 각각의 문장부호들은 각 문장에서는 특수한 역할을 수행할 수 있지만, 전체 말뭉치의 관점에서 보았을 때는 특정 의미를 부여하기가 어렵습니다. 그럼에도 분석 목적과 텍스트의 성격에 따라 삭제하지 않을 수도 있습니다.

텍스트 데이터에는 특수문자도 있을 수 있습니다. 하이픈, 괄호 등이 대표적이고 이역시 보통 삭제합니다. 최근에는 SNS의 발달로 각종 이모티콘이 특수문자로 텍스트 데이터에 많이 포함됩니다. 이모티콘의 경우 텍스트 마이닝에 포함하는 것이 의미가 있을 수 있습니다. 아래 예시 코드에서 보듯이 문장부호 및 특수문자들을 정규 표현식으로 삭제할 수 있습니다. ₩W는 모든 문자와 숫자와 밑줄까지 포함합니다. 만약 밑줄까지 삭제하고 싶다면 re.compile("₩W+")로 한 번 정제한 문자열에서 다시 한 번 밑줄 '_'까지 삭제하는 코드를 작성하면 됩니다.

```
In [24]: p = re.compile("\W+")

In [25]: p.sub(" ","★서울 부동산 가격이 올해 들어 평균 30% 상승했습니다!")
out [25]:
'서울 부동산 가격이 올해 들어 평균 30% 상승했습니다!'

In [26]: p = re.compile("\W+")

In [27]: s=p.sub(" ","주제_1: 건강한 몸과 건강한 정신!")

In [28]: s
out [28]:
'주제_1 건강한 몸과 건강한 정신'

In [29]: p = re.compile("_")
```

```
In [30]: p.sub(" ",s)
out [30]:
 '주제 1 건강한 몸과 건강한 정신'
```

3.2.3. 불용어 제거

텍스트 데이터에는 자주 사용되지만 특별한 의미를 부여하기 힘든 단어들이 존재합
니다. 영어를 예로 들면 'the', 'a', 'an'과 같은 관사는 어떠한 단어들보다 많이 쓰이지
만, 텍스트 마이닝 시 특별한 의미를 부여하기 힘듭니다. 이처럼 빈번하게 사용되나
구체적인 의미를 찾기 어려운 단어들을 불용어라고 합니다. 언어마다 불용어 리스트
를 라이브러리에서 제공해주는 경우가 많아 텍스트 데이터에서 라이브러리의 불용
어 리스트를 맵핑해 제거하는 방법을 많이 씁니다. 또는 분석가가 개인적으로 불용
어 리스트를 만들어 라이브러리에서 제공해주는 불용어 리스트에 개인적으로 생각
하는 불용어 리스트를 추가할 수도 있습니다.

파이썬에서 가장 많이 쓰는 텍스트 마이닝 패키지 NLTK는 언어별로 불용어 리스트
를 제공해줍니다. NLTK가 제공하는 언어들은 영어, 프랑스어, 독일어, 이탈리아어,
헝가리어, 핀란드어, 덴마크어, 네덜란드어를 지원하고 각 언어에 필요한 불용어 리
스트도 제공합니다. 아쉽게도 한국어는 지원하지 않습니다. 한국어 불용어 리스트는
특정 패키지에서 아직 지원하는 걸 찾을 수 없습니다. 한국어의 경우 분석가가 개인
적으로 작성하거나 다른 분석가, 연구자들이 작성한 리스트를 활용하는 방법을 택해
야 합니다.

아래 예시에서 한국어와 영어의 경우로 나누어 불용어를 제거하는 코드를 살펴보겠
습니다. 한국어는 불용어 리스트를 사용자가 직접 구성하고 영어는 NLTK에서 제공
해주는 불용어 리스트를 사용하겠습니다. NLTK를 사용하기 위해서는 우선적으로
패키지 설치를 해주어야 합니다.

설치하는 가장 쉬운 방법은 jupyter notebook 홈 화면에서 [New] → [Terminal]에 들어간 다음 'pip install nltk'를 입력하는 방법입니다. NLTK는 여러 개의 라이브러리가 혼합된 패키지입니다. 따라서 NLTK를 설치한 후 stopwords 라이브러리를 불러오려면 또다시 해당 라이브러리를 따로 설치해야 됩니다. 이때는 jupyter notebook 콘솔창에 import nltk → nltk.download('stopwords')를 입력해서 간단히 설치할 수 있습니다. 아래 예시는 NLTK 패키지 및 stopwords 라이브러리가 정상적으로 설치되었다는 가정에서 시작하겠습니다.

```
In [31]: words_Korean = ["추석","연휴","민족","대이동","시작","늘어","교통량","교통사
고","특히","자동차","고장","상당수","차지","나타","것","기자"]

In [32]: stopwords=["가다","늘어","나타","것","기자"]

In [33]: [i for i in words_Korean if i not in stopwords]
out [33]:
['추석', '연휴', '민족', '대이동', '시작', '교통량', '교통사고', '특히', '자동차', '고장',
'상당수', '차지']

In [34]: from nltk.corpus import stopwords

ln [35]: words_English= ['chief', 'justice', 'roberts', ',','president','cart
er',',','president','clinton',',','president','bush',',','president','obama',',','fel
low','americans','and','people','of','the','world',',','thank','you','.']

ln [36]: print( [w for w in words_English if not w in stopwords.
words('english')])
out [36]:
['chief', 'justice', 'roberts', ',', 'president', 'carter', ',', 'president',
'clinton', ',', 'president', 'bush', ',', 'president', 'obama', ',', 'fellow',
'americans', 'people', 'world', ',', 'thank', '.']
```

3.2.4. 같은 어근 동일화

다르게 생긴 단어라 할지라도 같은 의미인 단어들이 있습니다. 한국어는 어미, 조사에 따라 단어의 형태가 바뀌고, 영어의 경우 주어의 형태, 시제에 따라 동사의 형태가

바뀌는 예를 들 수 있습니다. 또한, 단수, 복수에 따라서도 s나 es가 붙는 경우도 있습니다. 이렇게 의미는 같지만, 형태가 조금씩 다른 단어들의 경우 전처리를 하지 않고 분석하게 되면 컴퓨터가 제각각 다른 단어로 인식하고 분석하게 됩니다. 따라서 분석 전 어근 동일화(stemming) 과정을 거쳐서 동일한 의미의 단어들을 같은 형태로 통일해야 바람직한 분석을 수행할 수 있습니다.

NLTK 패키지에는 대표적으로 PorterStemmer 라이브러리가 있어 긴단하게 같은 이근 동일화를 수행할 수 있습니다. 이외에도 LancasterStemmer, RegexpStemmer 라이브러리가 있습니다. 한국어의 경우는 아직까지 그러한 라이브러리가 존재하지 않아 어쩔 수 없이 형태소 분석기를 사용해야 합니다. 형태소 분석기에 대해서는 이 책의 뒷장에서 다룰 예정입니다.

```
In [37]: from nltk.stem import PorterStemmer
from nltk.tokenize import word_tokenize

ln [38]: ps_stemmer = PorterStemmer()

ln [39]: new_text = "It is important to be immersed while you are
pythoning with python. All pythoners have pythoned poorly at least
once."

ln [40]: words = word_tokenize(new_text)

ln [41]: for w in words:
    print(ps_stemmer.stem(w),end=' ')
out [41]:
It is import to be immers while you are python with python . all python
have python poorli at least onc .

ln [42]: from nltk.stem.lancaster import LancasterStemmer
LS_stemmer = LancasterStemmer()

ln [43]: for w in words:
    print(LS_stemmer.stem(w),end=' ')
out [43]:
it is import to be immers whil you ar python with python . al python
```

```
hav python poor at least ont .

ln [44]: from nltk.stem.regexp import RegexpStemmer
RS_stemmer = RegexpStemmer("python")

ln [45]: for w in words:
    print(RS_stemmer.stem(w),end=' ')
out [46]:
It is important to be immersed while you are ing with  . All ers have ed
poorly at least once .
```

RegexpStemmer는 특정한 표현식을 일괄적으로 제거하는 역할을 합니다. 위의 예에서는 "python"이라는 철자를 제거하였습니다. RegexpStemmer는 Porter나 Lancaster가 처리하지 못하는 특수한 부분에서 쓰는 것이 적절합니다.

3.2.5. N-gram

엔그램이란 n번 연이어 등장하는 단어들의 연쇄를 의미합니다. 두 번 연이어 등장하면 바이그램, 세 번 연이어 등장하면 트라이그램으로 불립니다. 트라이그램 이상은 보편적으로 활용하지 않습니다. 엔그램은 보편적으로 영어에만 적용됩니다. 영어가 가진 특수한 성격 때문에 필요한 전처리라고 할 수 있습니다.

예를 들어 'Republic of Korea', 'United Kingdom' 같은 경우는 엔그램을 활용해야 제대로 된 단어 객체로 인지할 수 있습니다. 그렇지만 무작정 엔그램을 적용하면 의미 없는 단어 뭉치가 많이 발생하여 불필요한 작업이 될 수 있습니다. 따라서 연구자가 분석할 텍스트의 성격에 비추어 엔그램의 적용 여부를 결정해야 합니다. 또한, bi-gram이상의 엔그램만 독자적으로 활용하는 것은 대단히 위험합니다. 따라서 유니그램(1-gram)과 혼합하여 단어들을 도출하는 것이 가장 이상적입니다.

```
ln [47]: from nltk import ngrams
```

```
ln [48]: sentence="Chief Justice Roberts, President Carter, President
Clinton, President Bush, President Obama, fellow Americans and people
of the world, thank you. We, the citizens of America are now joined in
a great national effort to rebuild our country and restore its promise
for all of our people. Together, we will determine the course of America
and the world for many, many years to come. We will face challenges. We
will confront hardships, but we will get the job done."

ln [49]: grams = ngrams(sentence.split(), 2)

ln [50]: for gram in grams:
    print(gram,end=" ")
out [50]:
('Chief', 'Justice') ('Justice', 'Roberts,') ('Roberts,', 'President')
('President', 'Carter,') ('Carter,', 'President') ('President', 'Clinton,')
('Clinton,', 'President') ('President', 'Bush,') ('Bush,', 'President')
('President', 'Obama,') ('Obama,', 'fellow') ('fellow', 'Americans')
('Americans', 'and') ('and', 'people') ('people', 'of') ('of', 'the') ('the',
'world,') ('world,', 'thank') ('thank', 'you.') ('you.', 'We,') ('We,', 'the')
('the', 'citizens') ('citizens', 'of') ('of', 'America') ('America', 'are')
('are', 'now') ('now', 'joined') ('joined', 'in') ('in', 'a') ('a', 'great')
('great', 'national') ('national', 'effort') ('effort', 'to') ('to',
'rebuild') ('rebuild', 'our') ('our', 'country') ('country', 'and') ('and',
'restore') ('restore', 'its') ('its', 'promise') ('promise', 'for') ('for',
'all') ('all', 'of') ('of', 'our') ('our', 'people.') ('people.', 'Together,')
('Together,', 'we') ('we', 'will') ('will', 'determine') ('determine', 'the')
('the', 'course') ('course', 'of') ('of', 'America') ('America', 'and') ('and',
'the') ('the', 'world') ('world', 'for') ('for', 'many,') ('many,', 'many')
('many', 'years') ('years', 'to') ('to', 'come.') ('come.', 'We') ('We', 'will')
('will', 'face') ('face', 'challenges.') ('challenges.', 'We') ('We', 'will')
('will', 'confront') ('confront', 'hardships,') ('hardships,', 'but') ('but',
'we') ('we', 'will') ('will', 'get') ('get', 'the') ('the', 'job') ('job',
'done.')
```

위의 예에서 보듯이 ngrams 함수의 두 번째 인자에 n을 입력해주면 엔그램 적용이
가능합니다. 'Chief Justice'와 'President Carter'와 같이 두 개의 단어가 연이어 생성되
는 단어를 바이그램을 통해 추출할 수 있습니다.

3.3. 품사 분석

문장을 구성하는 개별 단어는 문장 안에서 고유한 문법적인 기능을 수행합니다. 이는 모든 언어에 공통적으로 적용되는 법칙입니다. 우리가 흔히 알고 있는 동사, 명사, 형용사 등 각각의 단어는 문장 안에서 품사에 맞는 고유한 기능을 수행합니다. 품사 분석은 Part-Of-Speech의 앞 글자를 따 흔히 POS 태깅이라고 부르기도 합니다. 품사 분류는 언어마다 천차만별이고 분류 기준에 따라 하나로 묶이거나 여러 개로 세분화될 수도 있습니다. 하지만 기본적으로 명사, 동사, 형용사, 부사는 모든 언어에서 공통적으로 다 존재합니다. 또한, 텍스트 마이닝 분석이 단어의 언어학적인 기능을 살펴보기보다 단어가 대량의 문서에서 의미적으로 어떠한 기능을 하는지 살펴보는 것이기 때문에 언어 또는 분류 기준마다 세부적으로 다른 품사들까지 살펴볼 필요가 없습니다.

대부분의 텍스트 마이닝은 단어주머니(bag of words)를 이용해 분석을 수행합니다. 즉, 품사와 관계없이 동일한 형태의 단어들은 동일하게 보고 단어주머니를 생성합니다. 물론 이렇게만 해도 대부분 유의미한 결과를 얻을 수 있습니다. 하지만 연구자에 따라서 특정 품사만을 수집하여 분석하고 싶을 때가 있습니다. 예를 들어 문서 안에 단어들을 추출하여 문서의 감정 정도를 파악하고 싶을 때가 있습니다. 이때는 형용사 단어만 집중적으로 추출하면 문서의 감정 정도를 더욱 효율적으로 파악할 수 있습니다.

또한, 동일한 단어라도 서로 다른 품사로 쓰인 경우가 있습니다. Love라는 단어가 동사로 쓰인 경우와 명사로 쓰인 경우로 나눌 수 있습니다. 단어주머니를 이용하면 love를 다 같이 하나로 보지만 품사 분석을 통해 동사, 명사로 나누어 love를 바라보면 분석 시 더욱 심층적인 의미를 발견해낼 수 있습니다. 문서 안에서 각 품사별로 단어가 몇 개씩 나왔는지 빈도를 세는 것도 하나의 분석이 될 수 있습니다. 예를 들어 특정 문서가 다른 문서에 비해 형용사가 출현한 비율이 높았다면 그 해당 문서가 주관적인 논조가 많이 들어갔다고 판단할 수 있습니다.

품사 분석은 전산언어학에서 주로 수행합니다. 전산언어학에서 연구하는 알고리즘들에 맞추어 주어진 문장 안에 단어들을 각 품사들로 분류합니다. 이렇게 만들어진 알고리즘들을 라이브러리 형태로 파이썬에서 편리하게 이용할 수 있습니다. 품사 분석 알고리즘들에 대한 자세한 내용은 이 책의 범위를 넘어가기 때문에 생략하겠습니다. 한국어 품사 분석을 위해서는 KoNLPy 패키지를 사용합니다. 이 패키지 안에서 Kkma, Komoran, Hannaum, Twitter, Mecab 클래스를 이용하여 품사 분석을 수행할 수 있습니다. 모든 클래스를 다 쓸 필요는 없습니다. 실행 시간과 정확도와 같은 성능에 따라 연구자가 원하는 클래스를 선택하면 됩니다.

각 클래스의 실행 시간을 비교한 그래프는 아래와 같습니다. 문자의 개수가 많아지면 Kkma 클래스의 실행 시간이 현저하게 늘어남을 파악할 수 있습니다. 하지만 Kkma는 외래어, 외국어, 방언 등의 다양한 표현을 모두 인지할 수 있어 정확도가 좋은 클래스로 평가받고 있습니다. 연구자가 실행 시간과 정확도 중 어느 곳에 초점을 둘지 생각하고 접근해야 합니다.

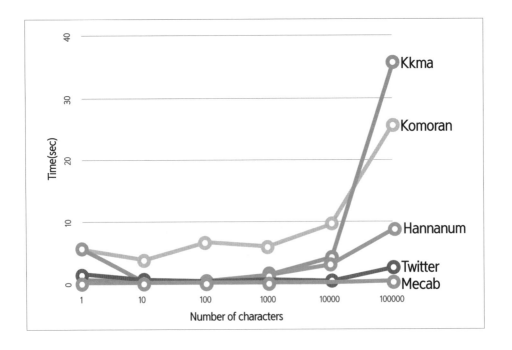

각 클래스마다 정의하는 품사와 태깅 기호가 다르므로 사전에 숙지해야 합니다. 각 클래스마다 품사 분류 기준과 태깅 기호는 아래 표와 같습니다. Hannanum 클래스의 경우 tag 수를 어떻게 지정하냐에 따라 서로 다른 분류 기준으로 나타낼 수 있습니다.

Twitter Korean Text (ntags=19)		Komoran (ntags=42)		Mecab-ko (ntags=43)		Kkma (ntags=56)		Hannanum (ntags=9)		Hannanum (ntags=22)	
Tag	Descri-ption	Tag	Descri-ption	Tag	Descri-ption	Tag	Description	Tag	Descri-ption	Tag	Descri-ption
Noun	명사 (Nouns, Pronouns, Company Names, Proper Noun, Person Names, Numerals, Standal-one, Depe-ndent)	NNG	일반 명사	NNG	일반 명사	NNG	보통명사	N	체언	NC	보통명사
		NNP	고유 명사	NNP	고유 명사	NNP	고유명사			NQ	고유명사
		NNB	의존 명사	NNB	의존 명사	NNB	일반 의존명사			NB	의존명사
				NNBC	단위를 나타내는 명사	NNM	단위 의존명사				
		NR	수사	NR	수사	NR	수사			NN	수사
		NP	대명사	NP	대명사	NP	대명사			NP	대명사
Verb	동사	VV	동사	VV	동사	VV	동사			PV	동사
Adje-ctive	형용사	VA	형용사	VA	형용사	VA	형용사			PA	형용사
		VX	보조 용언	VX	보조 용언	VXV	보조 동사			PX	보조 용언
						VXA	보조 형용사				
		VX	보조 용언	VX	보조 용언	VXV	보조 동사			PX	보조 용언
						VXA	보조 형용사				
		VCP	긍정 지정사	VCP	긍정 지정사	VCP	긍정 지정사, 서술격 조사 '이다'	P	용언		
		VCN	부정 지정사	VCN	부정 지정사	VCN	부정 지정사, 형용사 '아니다'				
Deter miner	관형사 (ex: 새, 헌, 참, 첫, 이, 그, 저)	MM	관형사	MM	관형사	MDN	수 관형사			MM	관형사
						MDT	일반 관형사	M	수식언		
Adverb	부사 (ex: 잘, 매우, 빨리, 반드시, 과연)	MAG	일반 부사	MAG	일반 부사	MAG	일반 부사			MA	부사
Conju nction	접속사	MAJ	접속 부사	MAJ	접속 부사	MAC	접속 부사				
Excla mation	감탄사 (ex: 헐, 어머나, 얼씨구)	IC	감탄사	IC	감탄사	IC	감탄사	I	독립언	II	감탄사

Josa	조사 (ex: 의, 에, 에서)	JKS	주격 조사	JKS	주격 조사	JKS	주격 조사	J	관계언	JC	격조사
		JKC	보격 조사	JKC	보격 조사	JKC	보격 조사				
		JKG	관형격 조사	JKG	관형격 조사	JKG	관형격 조사				
		JKO	목적격 조사	JKO	목적격 조사	JKO	목적격 조사				
		JKB	부사격 조사	JKB	부사격 조사	JKB	부사격 조사				
		JKV	호격 조사	JKV	호격 조사	JKV	호격 조사				
		JKQ	인용격 조사	JKQ	인용격 조사	JKQ	인용격 조사				
		JC	접속 조사	JC	접속 조사	JC	접속 조사				
		JX	보조사	JX	보조사	JX	보조사			JX	보조사
										JP	서술격 조사
PreEomi	선어말어미 (ex: 었)	EP	선어말어미	EP	선어말어미	EPH	존칭 선어말 어미	E	어미	EP	선어말어미
						EPT	시제 선어말 어미				
						EPP	공손 선어말 어미				
Eomi	어미 (ex: 다, 요, 여, ㅋㅋ)	EF	종결 어미	EF	종결 어미	EFN	평서형 종결 어미			EF	종결 어미
						EFQ	의문형 종결 어미				
						EFO	명령형 종결 어미				
						EFA	청유형 종결 어미				
						EFI	감탄형 종결 어미				
						EFR	존칭형 종결 어미				
		EC	연결 어미	EC	연결 어미	ECE	대등 연결 어미			EC	연결 어미
						ECS	보조적 연결 어미				
						ECD	의존적 연결 어미				
		ETN	명사형 전성 어미	ETN	명사형 전성 어미	ETN	명사형 전성 어미			ET	전성
		ETM	관형형 전성 어미	ETM	관형형 전성 어미	ETD	관형형 전성 어미				어미
		XPN	체언 접두사	XPN	체언 접두사	XPN	체언 접두사			XP	접두사
						XPV	용언 접두사				
Suffix	접미사	XSN	명사파생 접미사	XSN	명사파생 접미사	XSN	명사파생 접미사	X	접사	XS	접미사
		XSV	동사 파생 접미사	XSV	동사 파생 접미사	XSV	동사 파생 접미사			XS	접미사
		XSA	형용사 파생 접미사	XSA	형용사 파생 접미사	XSA	형용사 파생 접미사				
		XR	어근	XR	어근	XR	어근				

Punctuation	구두점	SF	마침표, 물음표, 느낌표	SF	마침표, 물음표, 느낌표	SF	마침표, 물음표, 느낌표	S	기호	S	기호
		SE	줄임표	SE	줄임표 …	SE	줄임표				
		SS	따옴표,괄호표,줄표	SSO	여는 괄호 (, [	SS	따옴표, 괄호표, 줄표				
				SSC	닫는 괄호),]						
		SP	쉼표,가운뎃점,콜론,빗금	SC	구분자 , · / :	SP	쉼표, 가운뎃점, 콜론, 빗금				
		SO	붙임표(물결,숨김,빠짐)	SY	기타기호	SO	붙임표(물결,숨김,빠짐)				
Foreign	외국어, 한자 및 기타기호	SW	기타기호(논리수학기호,화폐기호)			SW	기타 기호 (논리수학기호, 화폐기호)				
		SH	한자	SH	한자	OH	한자				
Alpha	알파벳	SL	외국어	SL	외국어	OL	외국어	F	외국어	F	외국어
Number	숫자	SN	숫자	SN	숫자	ON	숫자				
Unknown	미등록어	NF	명사추정범주			UN	명사추정범주				
		NV	용언추정범주								
		NA	분석불능범주								
KoreanParticle	(ex: ㅋㅋ)										
Hashtag	트위터 해쉬태그 (ex: #히히)										
ScreenName	트위터 아이디 (ex: @echojuliett)										
Email	이메일 주소										
URL	웹주소										

각 클래스마다 품사 분류 기준을 살펴보았으니 대표적으로 자주 활용되는 Hannanum, Kkma, Twitter 클래스들을 이용해 품사 분석을 수행하겠습니다. morphs 메서드는 문장을 형태소 단위로 끊어줍니다. nouns 메서드는 문장에서 명사만을 추출합니다. 가장 기본적인 텍스트 마이닝은 문서에서 명사만을 추출해서 분석하는 경우가 대부분입니다. 이때 nouns 메서드를 활용하면 유용합니다. 마지막으로 POS 메서드는 문장의 속한

각 형태소에 품사를 태깅합니다. 특별히 Twitter 클래스에서 사용할 수 있는 Phrases 메서드는 문장을 구 단위로 쪼개줍니다.

```
ln [51]: from konlpy.tag import Hannanum
hannanum = Hannanum()

ln [52]: print(hannanum.morphs("친척들이 모인 이번 추석 차례상에서는 단연 '집값'이 화제
에 올랐다."))
out [52]:
['친척들', '이', '모이', 'ㄴ', '이번', '추석', '차례상', '에서는', '단연', "'", '집값',
"'", '이', '화제', '에', '오르', '아다', '.']

ln [53]: print(hannanum.nouns("친척들이 모인 이번 추석 차례상에서는 단연 '집값'이 화제에
올랐다."))
out [53]:
['친척들', '이번', '추석', '차례상', '집값', '화제']

ln [54]: print(hannanum.pos("친척들이 모인 이번 추석 차례상에서는 단연 '집값'이 화제에 올
랐다." ,ntags=9))
out [54]:
[('친척들', 'N'), ('이', 'J'), ('모이', 'P'), ('ㄴ', 'E'), ('이번', 'N'), ('추석', 'N'),
('차례상', 'N'), ('에서는', 'J'), ('단연', 'M'), ("'", 'S'), ('집값', 'N'), ("'",
'S'), ('이', 'J'), ('화제', 'N'), ('에', 'J'), ('오르', 'P'), ('아다', 'E'), ('.', 'S')]

ln [55]: print(hannanum.pos("친척들이 모인 이번 추석 차례상에서는 단연 '집값'이 화제에 올
랐다.",ntags=22))
out [55]:
[('친척들', 'NC'), ('이', 'JC'), ('모이', 'PV'), ('ㄴ', 'ET'), ('이', 'NN'), ('번',
'NB'), ('추석', 'NC'), ('차례상', 'NC'), ('에서', 'JC'), ('는', 'JX'), ('단연', 'MA'),
("'", 'SR'), ('집값', 'NC'), ("'", 'SR'), ('이', 'JC'), ('화제', 'NC'), ('에', 'JC'),
('오르', 'PV'), ('아', 'EP'), ('다', 'EF'), ('.', 'SF')]

ln [56]: from konlpy.tag import Kkma
kkma = Kkma()

ln [57]: print(kkma.morphs("친척들이 모인 이번 추석 차례상에서는 단연 '집값'이 화제에 올
랐다."))
out [57]:
['친척', '들', '이', '모이', 'ㄴ', '이번', '추석', '차례', '상', '에서', '는', '단연', "'",
'집', '값', "'", '이', '화제', '에', '오르', '았', '다', '.']
```

```
ln [58]: print(kkma.nouns("친척들이 모인 이번 추석 차례상에서는 단연 '집값'이 화제에 올랐
다."))
out [58]:
['친척', '이번', '추석', '차례', '차례상', '상', '집', '집값', '값', '화제']

ln [59]: print(kkma.pos("친척들이 모인 이번 추석 차례상에서는 단연 '집값'이 화제에 올랐
다."))
out [59]:
[('친척', 'NNG'), ('들', 'XSN'), ('이', 'JKS'), ('모이', 'VV'), ('ㄴ', 'ETD'), ('이
번', 'NNG'), ('추석', 'NNG'), ('차례', 'NNG'), ('상', 'NNG'), ('에서', 'JKM'), ('는',
'JX'), ('단연', 'MAG'), ("'", 'SS'), ('집', 'NNG'), ('값', 'NNG'), ("'", 'SS'), ('
이', 'MDT'), ('화제', 'NNG'), ('에', 'JKM'), ('오르', 'VV'), ('았', 'EPT'), ('다',
'EFN'), ('.', 'SF')]

ln [60]: from konlpy.tag import Twitter
twitter = Twitter()

ln [61]: print(twitter.morphs("친척들이 모인 이번 추석 차례상에서는 단연 '집값'이 화제에
올랐다."))
out [61]:
['친척', '들', '이', '모인', '이번', '추석', '차례상', '에서는', '단연', "'", '집값', "'",
'이', '화제', '에', '올랐', '다', '.']

ln [62]: print(twitter.nouns("친척들이 모인 이번 추석 차례상에서는 단연 '집값'이 화제에
올랐다."))
out [62]:
['친척', '이번', '추석', '차례상', '단연', '집값', '이', '화제']

ln [63]: print(twitter.pos("친척들이 모인 이번 추석 차례상에서는 단연 '집값'이 화제에 올랐
다."))
out [63]:
[('친척', 'Noun'), ('들', 'Suffix'), ('이', 'Josa'), ('모인', 'Verb'), ('이
번', 'Noun'), ('추석', 'Noun'), ('차례상', 'Noun'), ('에서는', 'Josa'), ('단연',
'Noun'), ("'", 'Punctuation'), ('집값', 'Noun'), ("'", 'Punctuation'), ('이',
'Noun'), ('화제', 'Noun'), ('에', 'Josa'), ('올랐', 'Verb'), ('다', 'Eomi'), ('.',
'Punctuation')]

ln [64]: print(twitter.phrases("친척들이 모인 이번 추석 차례상에서는 단연 '집값'이 화제
에 올랐다."))
out [64]:
['친척들', '이번 추석 차례상', '추석 차례상', '단연', '집값', '이 화제', '이번', '추석', '차
례상', '화제']
```

지금까지 한글 품사 분석을 살펴보았습니다. 다음에는 영어 품사 분석을 알아보겠습니다. 영어 품사 분석은 NLTK 패키지를 이용해 구현할 수 있습니다. NLTK에서 나타내는 품사 분류는 아래 표와 같습니다.

Number	Tag	Description
1	CC	Coordinating conjunction
2	CD	Cardinal number
3	DT	Determiner
4	EX	Existential there
5	FW	Foreign word
6	IN	Preposition or subordinating conjunction
7	JJ	Adjective
8	JJR	Adjective, comparative
9	JJS	Adjective, superlative
10	LS	List item marker
11	MD	Modal
12	NN	Noun, singular or mass
13	NNS	Noun, plural
14	NNP	Proper noun, singular
15	NNPS	Proper noun, plural
16	PDT	Predeterminer
17	POS	Possessive ending
18	PRP	Personal pronoun
19	PRP$	Possessive pronoun
20	RB	Adverb
21	RBR	Adverb, comparative
22	RBS	Adverb, superlative
23	RP	Particle
24	SYM	Symbol
25	TO	to
26	UH	Interjection
27	VB	Verb, base form
28	VBD	Verb, past tense
29	VBG	Verb, gerund or present participle
30	VBN	Verb, past participle

31	**VBP**	Verb, non-3rd person singular present
32	**VBZ**	Verb, 3rd person singular present
33	**WDT**	Wh-determiner
34	**WP**	Wh-pronoun
35	**WP$**	Possessive wh-pronoun
36	**WRB**	Wh-adverb

NLTK 패키지를 이용하여 품사 분석을 수행하겠습니다.

```
ln [65]: from nltk import pos_tag

ln [66]: tokens = "The little yellow dog barked at the Persian
cat.".split()
tags_en = pos_tag(tokens)
ln [67]: print(tags_en)
out [67]:
[('The', 'DT'), ('little', 'JJ'), ('yellow', 'JJ'), ('dog', 'NN'), ('barked',
'VBD'), ('at', 'IN'), ('the', 'DT'), ('Persian', 'NNP'), ('cat.', 'NN')]
```

04 | 텍스트 마이닝 기법

텍스트 마이닝 기법

4.1. 단어 빈도분석 - 기본적인 통계정보를 알아보자!

텍스트 데이터에 대한 빈도분석은 가장 기본적이지만 쉽고 보편적으로 활용되는 방법입니다. 또한, 본격적인 분석 전 데이터에 대한 이해와 흐름을 살펴보기 위한 기초분석에 해당하기도 합니다. 흔히 수치데이터를 분석하기 전에 데이터 수, 평균, 표준편차, 4분위값, 최댓값, 최솟값 같은 요약표를 미리 살펴보고 본격적인 분석을 하는 것과 유사합니다.

단어 빈도분석은 전체 문서 또는 문서별 단어 출현빈도를 보여줍니다. 당연한 이야기겠지만 특정 단어가 자주 많이 출현하면 핵심 단어라고 볼 수 있습니다.

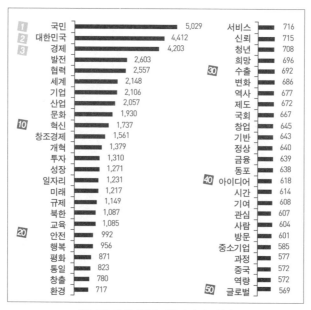

대한민국 18대 대통령 사용단어 빈도분석

앞의 그림은 청와대(http://www.korea.kr/news/policyNewsView.do?newsId=148809826)
에서 대한민국 18대 정권 대통령이 공식석상에서 발언한 단어 빈도를 막대 그래프로 표
현한 것입니다. '창조경제', '경제활성화', '경제혁신'과 같은 18대 정권의 정책방향과 의
지를 쉽게 알 수 있습니다.

다음은 동일한 청와대 자료에서 핵심 단어들과 함께 사용된 단어순위를 나타낸 자료
입니다. 이처럼 특정 핵심 단어를 연구자가 선정 후 해당 핵심 단어와 같은 문맥(문
서 혹은 문장)에서 출현한 단어들의 출현빈도를 나타내는 분석도 널리 활용되고 있
습니다. 특히 자료와 같이 연도별로 비교하면 더욱 풍성한 해석이 가능합니다.

○ 결합키워드 TOP1 : 창조 경제

2013년	2014년	2015년	2016년
정부	혁신	혁신	기업
경제	경제	센터	산업
문화	혁신센터	경제	지원
활성	세계	지원	창출
시장	투자	산업	시장
정책	발전	혁신센터	창업
협력	성공	지역	기회
반영	지역	성장	희망
노력	부처	기업	강화
기여	추진	추진	혁신센터

'창조 경제'와 함께 사용된 단어 빈도분석

○ 결함키워드 TOP2 : 경제 활성화

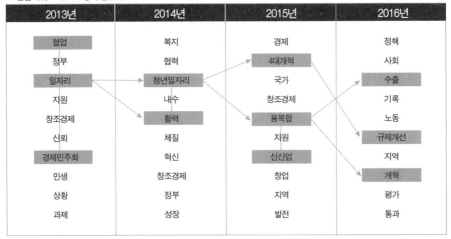

2013년	2014년	2015년	2016년
협업	복지	경제	정책
정부	협력	4대개혁	사회
일자리	청년일자리	국가	수출
지원	내수	창조경제	기록
창조경제	활력	융복합	노동
신뢰	체질	지원	규제개선
경제민주화	혁신	신산업	지역
민생	창조경제	창업	개혁
상황	정부	지역	평가
과제	성장	발전	통과

'경제 활성화'와 함께 사용된 단어 빈도분석

○ 결함키워드 TOP3 : 경제 혁신

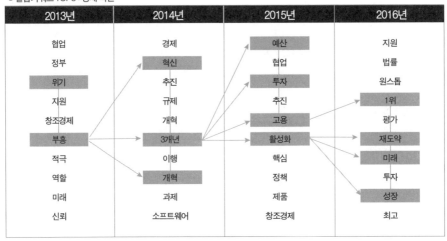

2013년	2014년	2015년	2016년
협업	경제	예산	지원
정부	혁신	협업	법률
위기	추진	투자	원스톱
지원	규제	추진	1위
창조경제	개혁	고용	평가
부흥	3개년	활성화	재도약
적극	이행	핵심	미래
역할	개혁	정책	투자
미래	과제	제품	성장
신뢰	소프트웨어	창조경제	최고

'경제 혁신'과 함께 사용된 단어 빈도분석

물론 한글, 영어를 불문하고 불용어들은 사전에 제거한 후 단어빈도를 분석해야 합니다. 그렇지 않으면 불용어들이 높은 출현빈도를 보일 가능성이 있어 결과 해석이 난해해집니다. 다음 그림은 Norvig이 구글 책에서 추출된 약 10개의 단어에 대한 출현빈도를 정리하여 상위 50개 단어를 나타낸 그래프입니다. 불용어들이 대부분 상위 랭크에 속해있음을 알 수 있습니다. 따라서 어느 텍스트 마이닝 분석에서든지 필요하지만, 특히 단어빈도 분석에서는 불용어 제거 처리가 더욱 필수적입니다.

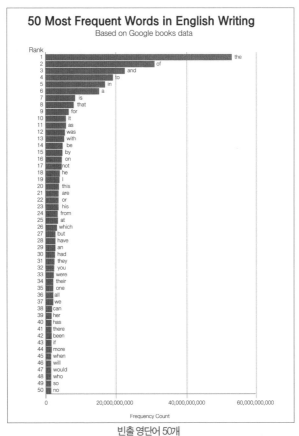

빈출 영단어 50개
https://blogs.sas.com/content/sastraining/2015/11/06/analytics-claim-this-is-the-20th-most-used-word-in-english-writing/

단어빈도 분석은 단어구름(wordcloud) 형태로도 많이 표현합니다. 단순히 단어-출현빈도를 표로 나열해도 되지만, 단어구름 형태로 나타내면 시각적으로 핵심 단어들을 한눈에 알 수 있습니다. 즉, 단어구름의 보이는 단어 중 큰 단어가 출현빈도가 높은 단어이고 크기가 작은 단어는 상대적으로 출현빈도가 낮은 단어입니다. 또한, 단어구름의 전체적인 모양과 구름 내 단어의 색상도 사용자가 직접 지정할 수 있어 시각적으로 화려한 효과를 주기도 합니다. 특히 문서별 비교, 대비하면 확연히 문서의 성격 차이를 한눈에 확인할 수 있습니다.

다음 단어구름을 보면 가수 싸이의 강남스타일이 선풍적인 인기를 끌자 외신기사들을 모아 단어구름으로 나타낸 연합뉴스의 내용 중 일부입니다. 전체적인 단어구름의 모양을 싸이의 형태로 만들어서 재미를 주었으며 출현빈도에 따라 단어의 상대적 크기를 조절하여 이해를 도왔습니다. 색상은 전체적으로 붉은색계열 내에서 랜덤으로 단어별 색상을 바꾸어 화려한 효과를 주었습니다. 그림을 보면 'Gangnam', 'PSY', 'Style', 'K-Pop', 'YouTube', 'horse'와 같은 단어들이 눈에 띄는데 이를 보고 외신기사들이 어떠한 측면을 주로 다뤘는지 충분히 짐작할 수 있습니다.

가수 싸이의 언론보도 단어구름
http://visualoft.kr/tag-cloud/

다음 두 단어구름은 각각 미국 전 대통령인 케네디와 오바마 대통령의 취임연설문을 나타낸 그림입니다. 가디언지(https://www.theguardian.com/world/gallery/2009/jan/21/obama-inauguration-word-clouds-gallery)에서 미국의 역대 주요 대통령들의 취임연설문을 단어구름으로 분석하였는데 그중 일부입니다. 좌측 케네디 대통령 연설문을 살펴보면 'new', 'hope', 'freedom'과 같은 단어들이 눈에 띄는데 주로 2차 세계대전 이후 냉전시대에 대한 미국의 책임에 관한 내용을 담았습니다. 우측 오바마 대통령 연설문을 보면 'people', 'equal', 'government'와 같은 단어들이 눈에 띄는데 국가와 인권을 담은 내용입니다.

케네디 대통령 취임연설문 　　　　오바마 대통령 취임연설문

지금까지 단어 빈도분석의 개념과 활용사례들을 살펴보았습니다. 보시다시피 주로 언론에서 단어 빈도분석을 널리 활용하고 있습니다. 이는 특별한 수학적 개념이나 알고리즘에 대한 지식 없이 매우 쉽게 핵심적인 이해를 도울 수 있는 방법이기 때문입니다. 특히 정치인, 유명인들의 성향, 여론을 쉽게 이해할 수 있어 정치, 사회 기사에 많이 쓰이고 있습니다. 본격적인 파이썬 코드를 살펴보기 전에 다양한 활용사례들을 추가적으로 첨부하여 독자들의 이해를 돕겠습니다.

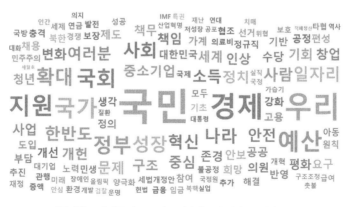

대한민국 19대 대통령 2018년도 예산한 국회 연설문 - 청와대
(http://www.hani.co.kr/arti/PRINT/816990.html)

최기문 청장	허준영 청장	이택순 청장	어청수 청장

경찰, 국민, 참여, 함께	경찰, 인권, 국민, 조직, 경찰관	국민, 경찰, 조직, 인권, 사회	경찰, 국민, 사회, 치안, 조직, 범죄
강희락 청장	조현오 청장	김기용 청장	강신명 청장
경찰, 국민, 기본, 신뢰	경찰, 일, 경찰청장, 치안, 경찰관, 동료	경찰, 경찰관, 국민	국민, 경찰, 동료, 대한민국

대한민국 역대 경찰청장 취임연설문 - 연합뉴스
(https://m.yna.co.kr/view/AKR20151113115300004)

2018.4.27. 남북공동선언문 - 이데일리
(http://www.edaily.co.kr/news/realtime/realtime_NewsRead.asp?newsid=05923686619180384)

서울대·고려대·연세대 페이스북 대나무숲
단어 구름
(빈도 순 상위 50개, 2016.12.13~2017.06.12)

서울대, 고려대, 연세대 페이스북 대나무숲 - 한국경제
(http://newslabit.hankyung.com/news/app/newsview.php?aid=201706194216G)

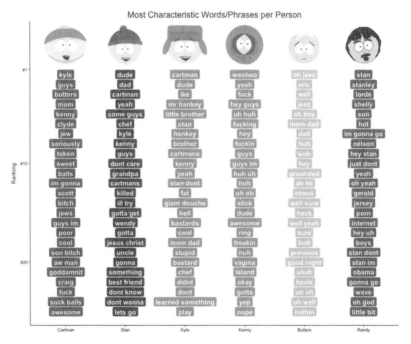

Most Characteristic Words/Phrases per Person

'사우스 파크' 프로그램 등장인물별 사용단어 빈도 - 코타쿠
(https://www.kotaku.com.au/2016/02/a-revealing-analysis-of-word-frequency-on-south-park/)

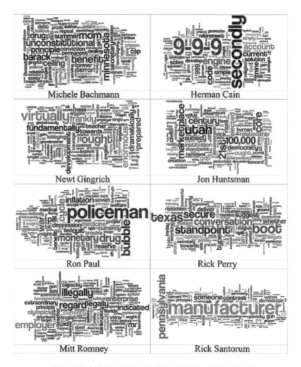

미국 공화당 후보 선거 토론 후보별 발언 - HUFFPOST
(https://www.huffingtonpost.com/matthew-gidcomb/foreign-policy-and-footwear_b_1755462.html)

단어 빈도분석에 대한 다양한 사례들을 살펴보았으니 본격적으로 파이썬 코딩을 해 보겠습니다.

```
ln [1]: import pandas as pd
import nltk
from nltk.stem.porter import PorterStemmer
from nltk.tokenize import RegexpTokenizer
from nltk.corpus import stopwords

ln [2]: f = open("E:\\파이썬으로텍스트 마이닝분석\\데이터\\트럼프취임연설문.txt", 'r')
lines = f.readlines()[0]
f.close()

ln [3]: lines[0:100]
Out [3]:
```

```
' Chief Justice Roberts, President Carter, President Clinton, President
Bush, President Obama, fellow'

ln [4]: tokenizer = RegexpTokenizer('[\w]+')

In [5]: stop_words = stopwords.words('english')

In [6]: words =  lines.lower()
tokens = tokenizer.tokenize(words)
stopped_tokens = [i for i in list((tokens)) if not i in stop_words]
stopped_tokens2 = [i for i in stopped_tokens if len(i)>1]

In [7]: pd.Series(stopped_tokens2).value_counts().head(10)
Out [7]:
america      20
american     11
people       10
country       9
one           8
nation        7
every         7
world         6
new           6
never         6
```

트럼프 대통령 취임연설문을 기준으로 단어빈도 분석을 해보았습니다. In [6]을 보면 단어빈도 분석 전 영단어 전처리 과정을 볼 수 있습니다. 우선 모든 단어를 소문자로 바꿔준 다음 단어 단위로 토큰화합니다. 그 후 불용어 및 한 글자들을 제거한 후 최종 단어 리스트를 반환합니다. In [7]에서 리스트 안의 단어들을 pandas Series 형태로 바꾸어준 후 value_counts() 메서드를 이용하여 단어 빈도를 카운트합니다. 해당 메서드는 자동으로 빈도순으로 단어들을 정렬해줍니다. 상위 10개 빈도 단어들을 살펴보면 america, american, people과 같은 단어들이 눈에 뜨입니다. 평소 강한 미국민을 표방하는 트럼프 대통령의 언행과 부합하게 나왔습니다.

```
ln [8]: import pandas as pd
from konlpy.tag import Hannanum
hannanum = Hannanum()
```

```
ln [9]: f=open("E:\\파이썬으로텍스트 마이닝분석\\데이터\\문재인대통령취임연설문.txt",
'r')
lines = f.readlines()
f.close()

ln [10]: temp = []
for i in range(len(lines)):
    temp.append(hannanum.nouns(lines[i]))

ln [11]: def flatten(l):
    flatList = []
    for elem in l:
        if type(elem) == list:
            for e in elem:
                flatList.append(e)
        else:
            flatList.append(elem)
    return flatList

In [12]: word_list=flatten(temp)

In [13]: word_list=pd.Series([x for x in word_list if len(x)>1])

In [14]: word_list.value_counts().head(10)
Out [14]:
대통령    29
국민     19
대한민국  9
우리     8
여러분    7
국민들    6
나라     6
역사     6
세상     5
대통령의  5
dtype: int64
```

다음은 대한민국 문재인 대통령의 취임연설문으로 빈도분석을 해보았습니다. In [8] 을 보면 한나눔 형태소 분석기를 사용했음을 알 수 있습니다. In [10]에서 한나눔 형 태소 분석기로 명사만을 추출하여 적재하였습니다. 한국어 분석을 할 때는 명사 추출 분석이 가장 일반적입니다. 하지만 연구자의 목적에 따라 형용사 혹은 동사까지 추출하여 분석해도 무방합니다. 그 후 In [13]에서 두 글자 이상인 단어들만 추출하였습니다. In [14]에서 value_counts() 메서드를 사용하여 단어별 출현빈도를 구했습니다. 상위 10개 단어를 보면 국민, 여러분, 국민들과 같은 단어들이 눈에 뜨입니다.

앞의 예제는 트럼프, 문재인 대통령의 취임연설문 1개씩만을 가지고 살펴보았습니다. 즉, 전체 문서가 각각 1개인 경우입니다. 하지만 빈도분석은 대량의 문서에서 나온 모든 단어를 가지고 하는 것이 일반적입니다. 예를 들어 미국 오바마 전 대통령의 역대 연설문과 트럼프 현 대통령의 역대 연설문을 각기 모두 합쳐 단어 빈도분석으로 비교하면 두 대통령의 성향을 대비할 수 있을 것입니다.

다음으로는 이를 활용하여 단어구름을 생성해보겠습니다. 파이썬에는 단어구름을 그릴 수 있는 라이브러리가 많이 있습니다. 이 책에서는 쉽게 구현할 수 있는 주요 라이브러리를 살펴보겠습니다.

```
ln [15]: from wordcloud import WordCloud
from collections import Counter

In [16]: font_path = 'C:\\Users\\user1\\Desktop\\NanumBarunGothic.ttf'

In [17]: wordcloud = WordCloud(
    font_path = font_path,
    width = 800,
    height = 800,
    background_color="white"
)

In [18]: count = Counter(stopped_tokens2)

In [19]: wordcloud = wordcloud.generate_from_frequencies(count)

In [20]: def __array__(self):
    """Convert to numpy array.
    Returns
```

```
    -------
    image : nd-array size (width, height, 3)
        Word cloud image as numpy matrix.
    """
    return self.to_array()

def to_array(self):
    """Convert to numpy array.
    Returns
    -------
    image : nd-array size (width, height, 3)
        Word cloud image as numpy matrix.
    """
    return np.array(self.to_image())
array = wordcloud.to_array()

In [21]: %matplotlib inline
import matplotlib.pyplot as plt

fig = plt.figure(figsize=(10, 10))
plt.imshow(array, interpolation="bilinear")
plt.show()
fig.savefig('wordcloud.png')
Out [21]:
```

```
In [22]: count = Counter(word_list)

In [23]: wordcloud = wordcloud.generate_from_frequencies(count)

In [24]: array = wordcloud.to_array()
```

```
In [25]: %matplotlib inline
import matplotlib.pyplot as plt

fig = plt.figure(figsize=(10, 10))
plt.imshow(array, interpolation="bilinear")
plt.show()
fig.savefig('wordcloud.png')
Out [26]:
```

In [16]에서 폰트를 설정해주어야 합니다. 필자가 한글이 인식 가능한 폰트를 다운받아 해당 경로로 설정해주었습니다. 또한, In [17]에서 단어구름 가로, 세로 상대적 크기를 설정해주어야 합니다. 예제에서는 가로, 세로 모두 800만큼의 크기로 설정했습니다. 이 코드는 네모모양의 틀 안에 단어구름을 형성합니다. 하지만 이전에 살펴본 예제들을 보면 다양한 단어구름이 재밌는 형태로 나올 수 있습니다. 예를 들어 싸이의 형상 안에 단어구름이 형성된 것을 보실 수 있었을 겁니다. 다음 예제에서는 트럼프, 문재인 대통령 형상안에 각 대통령의 취임연설문 단어구름을 넣어보겠습니다. 다음 코드는 https://pinkwink.kr/1029에서 참조하였습니다.

```
ln [27]: from PIL import Image
import numpy as np
In [28]: trump_mask=np.array(Image.open("E:\\파이썬으로텍스트 마이닝분석\\데이
터\\trump.PNG"))

In [29]: plt.figure(figsize=(8,8))
```

```
plt.imshow(trump_mask,interpolation="bilinear")
plt.show()
Out [29]:
```

```
In [30]: count = Counter(stopped_tokens2)
wc_trump = WordCloud(
    font_path = font_path,
    mask=trump_mask,
    background_color="white"
)
wc_trump = wc_trump.generate_from_frequencies(count)

In [31]: plt.figure(figsize=(8,8))
plt.imshow(wc_trump,interpolation="bilinear")
plt.axis("off")
plt.show()
Out [31]:
```

```
In [32]: from wordcloud import ImageColorGenerator
image_colors=ImageColorGenerator(trump_mask)

In [33]: plt.figure(figsize=(8,8))
```

```
plt.imshow(wc_trump.recolor(color_func=image_colors),interpolation="bilin
ear")
plt.axis("off")
plt.show()
Out [33]:
```

```
In [34]: moon_mask=np.array(Image.open("E:\\파이썬으로텍스트 마이닝분석\\데이
터\\문재인 대통령.PNG"))
```

```
In [35]: plt.figure(figsize=(8,8))
plt.imshow(moon_mask,interpolation="bilinear")
plt.show()
Out [35]:
```

```
In [36]: count = Counter(word_list)
wc_moon = WordCloud(
    font_path = font_path,
    mask=moon_mask,
```

```
    background_color="white"
)
wc_moon = wc_moon.generate_from_frequencies(count)

In [37]: plt.figure(figsize=(8,8))
plt.imshow(wc_moon,interpolation="bilinear")
plt.axis("off")
plt.show()
Out [37]:
```

```
In [38]: image_colors=ImageColorGenerator(moon_mask)

In [39]: plt.figure(figsize=(8,8))
plt.imshow(wc_moon.recolor(color_func=image_colors),interpolation="biline
ar")
plt.axis("off")
plt.show()
Out [39]:
```

트럼프 대통령 형상을 예로 들어 In [31]과 달리 In [33]은 실제 그림의 색상에 부합하게 단어구름의 색상도 변경해 줍니다. 따라서 상부 쪽은 머리카락 색과 유사하고 하부 쪽은 넥타이, 자켓 색과 유사한 단어 색으로 구성됩니다.

4.2. 군집 분석 - 유사한 문서들을 모아보자!

이번 절에서는 텍스트 마이닝에서 가장 빈번하게 이용되는 군집 분석에 대해서 알아보겠습니다. 군집 분석은 유사한 데이터들을 서로 묶어주는 분석입니다. 특히 텍스트 마이닝에서 많이 사용되는 분석방법으로 대량의 문서들을 서로 비슷한 성격끼리 묶어줄 수 있습니다.

예를 들어 서로 다른 주제를 지닌 대량의 뉴스기사들이 있다고 가정했을 때 연구자가 유사한 주제들의 문서끼리 묶어서 보고 싶을 경우가 있을 수가 있습니다. 이렇게 유사한 문서들끼리 서로 묶어줄 때 군집 분석을 이용할 수 있습니다. 유사한 문서들끼리 묶어진 이후에는 해당 군집에 대하여 깊이 있는 분석을 수행하여 특정 주제나 성격을 지닌 문서들을 심층적으로 파고들 수 있습니다.*

군집 분석 알고리즘은 수도 없이 많이 있습니다. 그중 이 책에서는 텍스트 군집 분석에 가장 많이 사용되는 대표적인 알고리즘 몇 가지를 살펴볼 예정입니다. 군집 분석에서는 대표적으로 분할 군집 분석과 구조적 군집 분석이 자주 쓰입니다. 분할 군집 분석과 구조적 군집 분석 알고리즘에 대해서 살펴보고 파이썬으로 실제 데이터 분석을 해보겠습니다.

---

* 본 장은 "데이터 마이닝 개념과 기법", 지아웨이한외, 에이콘을 참조하였습니다.

4.2.1. 분할 군집 분석

분할 군집 분석은 군집 분석 중에서도 가장 단순하면서 가장 널리 사용되는 방식입니다. 분할 군집 분석은 데이터를 k개의 배타적인 집단으로 나누는데 이때 군집 숫자 k개는 배경 지식을 통해 결정된다고 가정합니다. 즉, 연구자가 주관적으로 k개를 지정해주어야 합니다. 물론 k를 어떻게 지정할지 고민된다면 이를 해결해줄 수 있는 수학, 통계적인 방법들을 이용하면 됩니다. k를 정하는 방법으로는 대표적으로 silhouette, elbow 방법이 있습니다.

4.2.1.1. K-평균 군집 분석

K-평균 알고리즘은 군집에 포함된 데이터점의 공간상 평균 지점을 군집의 중앙자로 정의합니다. 먼저 전체 데이터 세트에서 임의로 k개의 오브젝트를 선택해서 군집의 초기 중앙점으로 삼습니다. 그리고 나머지 오브젝트 각각에 대해 거리를 바탕으로 k개의 군집 중에서 가장 가까운 군집을 찾아 그 안에 포함시킨 후, 반복적으로 군집 내부 편차를 향상시킵니다. 모든 군집에 대해 직전 반복까지 포함시킨 오브젝트를 통해 새로운 중심을 계산하고 새로 계산한 군집 중심을 바탕으로 오브젝트 군집을 재배치합니다. 이런 과정을 수렴할 때까지 계속 반복합니다. 다음은 K-평균 군집 분석 알고리즘을 정리하였습니다.

입력값
  1. k: 군집 수
  2. D: n개의 데이터 오브젝트를 포함하는 집합
출력값: k개의 군집
알고리즘
  1. 데이터 오브젝트 집합 D에서 k개의 데이터 오브젝트를 임의로 추출하고, 이 데이터 오브젝트들을 각 클러스터의 중심(centroid)으로 설정한다(초기값 설정).
  2. 집합 D의 각 데이터 오브젝트들에 대해 k개의 클러스터 중심 오브젝트와의 거리를 각각 구하고, 각 데이터 오브젝트가 어느 중심점(centroid)과 가장 유사도가 높은지 알아낸다. 그리고 그렇게 찾아낸 중심점으로 각 데이터 오브젝트들을 할당한다.
  3. 클러스터의 중심점을 다시 계산한다. 즉, 2에서 재할당된 클러스터들을 기준으로 중심점을 다시 계산한다.
  4. 각 데이터 오브젝트의 소속 클러스터가 바뀌지 않을 때까지 2, 3 과정을 반복한다.

K-평균 군집 분석 알고리즘

다음 그림을 참조하면 훨씬 쉽게 이해할 수 있을 것입니다. 위키피디아에서 캡처한 이미지인데 쉽게 이해되는 그림이어서 이 책에 삽입하였습니다.

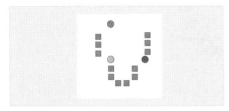

1) 초기 k"평균값" (위의 경우 k=3)은 데이터 오브젝트 중에서 무작위로 뽑힌다.(색칠된 동그라미로 표시됨)

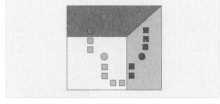

2) k 각 데이터 오브젝트들은 가장 가까이 있는 평균값을 기준으로 묶인다. 평균값을 기준으로 분할된 영역은 보로노이 다이어그램으로 표시된다.

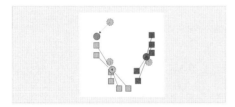

3) k개의 클러스터의 중심점을 기준으로 평균값이 재조정된다.

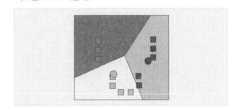

4) 수렴할 때까지 2), 3) 과정을 반복한다.

K-평균 군집 분석 실행과정

K-평균 군집 분석은 군집 결과를 시각화하기에도 매우 용이합니다. 특히 2차원 평면에서 다양한 도형 및 색상으로 군집결과를 나타내는 방식은 매우 보편적으로 사용되고 있습니다. 아래에서 시각화 결과 예제를 몇 가지 살펴보겠습니다.

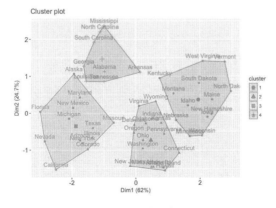

미국 주별 군집
https://uc-r.github.io/kmeans_clustering

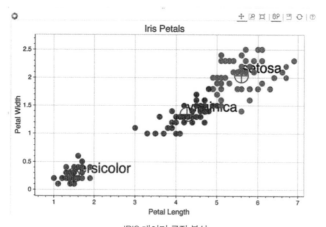

IRIS 데이터 군집 분석
https://blog.galvanize.com/introduction-k-means-cluster-analysis/

앞의 예제들을 살펴보면 각 축이 하나의 차원으로 되고 군집 결과를 색상, 도형모형으로 구분하였습니다. 그러나 K-평균군집 분석 시 사용되는 차원이 더 많을 수 있음에도 불구하고 그림 상으로는 2, 3개 정도의 차원만을 보여줄 수밖에 없는 한계점이 있습니다.

지금까지 알고리즘에 대해서 간략히 살펴보았는데 데이터 오브젝트 간의 거리를 어떻게 구하는지에 대해서는 설명하지 않았습니다. k-평균 군집 분석은 주로 유클리디안 기하 거리를 이용한다고 알려져 있습니다. 그러나 이 책에서 다루는 텍스트 문서를 군집 분석할 때는 코사인 유사도를 이용한 거리가 더 효과적이라고 알려져 있습니다. 코사인 유사도는 0~1 범위의 양수 공간입니다. 따라서 거리는 1-유사도로 구할 수 있습니다. 즉, 유사도가 클수록 거리는 가까워지고 유사도가 낮을수록 거리는 멀어집니다. 문서 A, B 사이의 코사인 유사도는 (수식 4-1)과 같습니다.

$$cosine\ similarity = \frac{\sum_{i=1}^{n} A_i \times B_i}{\sqrt{\sum_{i=1}^{n}(A_i)^2} \times \sqrt{\sum_{i=1}^{n}(B_i)^2}}$$

(수식 4-1)

텍스트 마이닝의 경우, 문서의 단어 빈도 혹은 TF-IDF와 같은 가중치가 문서 A, B의 벡터로 들어갑니다. TF-IDF는 텍스트 마이닝에 이용하는 대표적인 가중치로 여러 문서로 이루어진 문서군이 있을 때 어떤 단어가 특정 문서 내에서 얼마나 중용한 것인지는 나타내는 통계적 수치입니다. TF(term frequency)는 특정한 단어가 문서 내에서 얼마나 자주 등장하는지를 나타낸 값입니다. DF(document frequency)는 해당 단어가 문서군 내에서 얼마나 자주 사용되는지 나타내는 지표로 단어가 흔하게 등장할수록 중요한 단어가 아니라고 볼 수 있습니다.

예를 들어 신문기사 1,000개를 전체 문서군으로 봤을 때 '기자'라는 단어는 1,000개의 문서 모두에 등장하기 때문에 DF수치가 매우 높을 것입니다. 또한, '기자'라는 단어 자체는 흔하기 때문에 특징이 되는 주요 단어라고 볼 수 없을 것입니다. 따라서 DF의 역수인 IDF(inverse document frequency)를 구하고 TF와 IDF의 값을 곱한 TF-IDF 수치를 산출합니다.

다음 예시에서 파이썬을 이용한 K-평균 군집 분석을 수행해보겠습니다. 문서의 단어 빈도를 가중치로 삼고 분석해보겠습니다. 문서 데이터세트는 포털사이트 뉴스를 이용하였습니다. 필자가 글을 쓰는 시점에 실시간 검색어에 올라온 단어들 '유한양행', '라돈', '복면가왕 왕밤빵'을 검색 키워드로 각 키워드당 기사 5개씩 추출하겠습니다. 이렇게 총 추출된 15개의 기사들을 대상으로 k=3인 K-평균 군집 분석을 수행하고 그 결과를 살펴보겠습니다. 실제 연구를 수행할 때는 문서의 개수가 적게는 수천에서 많게는 수십, 수백만이 넘을 수 있으며 k의 개수도 연구자가 주관적으로 지정하기 어렵습니다. 다만 여기서는 이해를 목적으로 하기에 적은 데이터세트로 코드를 실행시켜 보겠습니다.

```
ln [40]: import pandas as pd
from konlpy.tag import Hannanum
from sklearn.feature_extraction.text import CountVectorizer
from sklearn.cluster import KMeans
```

```
In [41]: hannanum = Hannanum()

In [42]: Data = pd.read_csv('E:\\책쓰기\\군집 분석데이터.csv',engine="python")

In [42]: Data.head()
Out [42]:
```

	검색어	기사내용
0	유한양행	유한양행은 얀센 바이오테크(Janssen Biotech Inc)와 EGFR표적 항암...
1	유한양행	유한양행이 1조 4000억원 규모의 기술이전 계약 체결 소식에 가격제한폭까지 치솟았다...
2	유한양행	유한양행이 다국적 제약사 얀센에 기술수출했다는 소식에 주가가 5일 장 초반 상한가를...
3	유한양행	유한양행은 얀센 바이오테크(Janssen Biotech Inc)와 EGFR(상...
4	유한양행	유한양행이 1조 4000억원 규모 기술 수출 소식에 가격제한폭까지 치솟았다. 유한양행...

```
In [43]: docs = []
for i in Data['기사내용']:
    docs.append(hannanum.nouns(i))

In [44]: for i in range(len(docs)):
    docs[i] = ' '.join(docs[i])

In [45]: vec = CountVectorizer()
X = vec.fit_transform(docs)

In [46]: df = pd.DataFrame(X.toarray(), columns=vec.get_feature_names())

In [47]: kmeans = KMeans(n_clusters=3).fit(df)

In [48]: kmeans.labels_
Out [48]:
array([0, 0, 0, 0, 0, 1, 1, 1, 1, 1, 2, 2, 2, 2, 2])
```

예시 데이터는 0~4행까지는 유한양행, 5~9행까지는 라돈, 10~14행까지는 복면가왕 왕밤빵에 관련된 기사로 넣었습니다. In[43]에서 기사 본문에서 한나눔 형태소 분석기로 명사만 추출하였습니다. In[44]에서 추출된 명사들을 띄어쓰기를 붙여서 열거한 후 In[45]과 In[46]에서 단어들을 이용하여 문서-단어 매트릭스를 생성하였습니다. 그 후 k=3으로 K-평균 군집 분석을 수행한 결과를 Out[48]에서 보여주고 있습니다. 3가지 검색어에 따른 기사 본문들이 잘 나누어진 것을 볼 수 있습니다

아쉬운 점은 텍스트 마이닝 시 차원이 문서군 전체에 사용된 고유 단어들이기 때문에 2, 3차원으로 시각화하기 어렵다는 점입니다. 따라서 이 책에서는 pca 기법으로 차원을 2차원으로 축소한 후 군집 결과를 시각화하여 보겠습니다. pca는 우리말로 주성분 분석이라 불리며 고차원의 데이터를 저차원의 데이터로 환원하는 기법입니다. 쉽게 말하면 여러 개의 변수를 혼합하여 설명력이 높은 새로운 소수의 변수를 생성해내는 기법입니다.

```
ln [49]: from sklearn.decomposition import PCA
import matplotlib.pyplot as plt

ln [50]: pca = PCA(n_components=2)
principalComponents = pca.fit_transform(df)
principalDf = pd.DataFrame(data = principalComponents
          , columns = ['principal component 1', 'principal component
          2'])

ln [51]: principalDf.index=Data['검색어']

ln [52]:
plt.scatter(principalDf.iloc[kmeans.labels_ == 0, 0], principalDf.
iloc[kmeans.labels_ == 0, 1], s = 10, c = 'red', label = 'cluster1')
plt.scatter(principalDf.iloc[kmeans.labels_ == 1, 0], principalDf.
iloc[kmeans.labels_ == 1, 1], s = 10, c = 'blue', label = 'cluster2')
plt.scatter(principalDf.iloc[kmeans.labels_ == 2, 0], principalDf.
iloc[kmeans.labels_ == 2, 1], s = 10, c = 'green', label = 'cluster3')
plt.legend()
Out [52]:
```

군집결과를 살펴보면 15개의 점(문서)이 눈에 보기에도 확연하게 서로 잘 구분되어

뭉치는 것을 볼 수 있습니다.

K-평균 군집 분석에는 여러 가지 수정 또는 개량된 방법 등이 있습니다. 주로 초기에 K개의 중심점을 선택하는 방법 또는 유사도를 계산하거나 클러스터 중심을 계산하는 방법을 다르게 하는 방법 등입니다. 이러한 방법들을 통해서 정확도를 향상하게 하거나 시간을 단축하려는 많은 시도가 있었습니다.

K-평균 군집 분석은 오브젝트의 공간상 평균(중심)을 계산할 수 있는 경우에만 적용할 수 있습니다. 하지만 데이터에 정성적인 속성이 있는 경우에는 이러한 평균을 정의하기 어렵습니다. 예를 들어 '사는 지역'이 속성에 있는 경우 해당 속성값은 '서울', '부산', '대구', '대전' 등 수치가 아닌 명목형으로 나오게 됩니다. 이런 경우에는 클러스터의 중심을 평균 대신 최빈값으로 계산하기도 합니다. 하지만 이 책에서 다루는 텍스트 마이닝은 속성이 특정 단어이고 속성값이 단어에 대한 빈도 혹은 기타 가중치로 표현되기 때문에 문제 되지 않습니다.

4.1.1.2. k-대푯값 군집 분석

K-평균 군집 분석은 클러스터 안에서 다른 오브젝트에 비해 거리가 먼 오브젝트의 영향력이 크기 때문에 아웃라이어에 매우 민감합니다. 즉, 아웃라이어가 존재 시 클러스터 중심을 계산할 때 평균값이 크게 왜곡될 수 있고 한번 잘못 계산한 중심은 다른 오브젝트들을 배정할 때도 반영되어 전체적으로 악영향을 끼칩니다. 다음 예를 통해서 살펴봅시다.

> 1차원 공간에 1, 3, 5, 7, 9, 11, 25의 값이 있다고 해봅시다. 직관적으로 보았을 때 25를 제외하고 (1, 3, 5), (7, 9, 11)의 두 가지 클래스로 분할하는 것이 가장 적절해 보입니다. 그러나 만약 k=2인 K-평균 군집 분석으로 이 데이터 세트들을 분할하면 아웃라이어 25 때문에 (1, 3, 5, 7, 9, 11)이 하나의 클래스로 묶이게 됩니다.

예제 4-1

K-평균 군집 분석의 아웃라이어에 대한 민감성을 배제하기 위해서는 클러스터의 대

풋값을 오브젝트의 평균으로 구하는 것이 아닌 다른 방식의 대표 오브젝트를 뽑아야 합니다. 따라서 대안으로 나오게 된 방법이 K-대풋값 군집 분석입니다. 다음은 K-대 풋값 군집 분석의 절차입니다.

입력값
1. k: 군집 수
2. D: n개의 데이터 오브젝트를 포함하는 집합

출력값: k개의 군집

알고리즘
1. n개의 데이터 오브젝트 중 대표 오브젝트를 k개 지정합니다.
2. k개의 대표 오브젝트를 지정 후, 나머지 오브젝트들을 유사성이 가장 높은 대표 오브젝트에 배속합니다. 유사성을 거리척도로 활용합니다.
3. 대풋값이 아닌 다른 오브젝트 하나를 임의 대풋값으로 지정합니다.
4. 본래의 대풋값과 임의의 대풋값 간의 총비용을 비교합니다.

$$E = \sum_{i=1}^{k} \sum_{p \in C_i} dist(p, o_i)$$

E는 총비용이며 클러스터 의 대표 오브젝트를 가리킵니다.
5. 만약 임의의 대풋값의 총비용이 더 작을 경우 임의의 대풋값을 새로운 대풋값으로 대체합니다.
6. 변화가 없을 때까지 2~5단계를 반복합니다.

K-대풋값 군집 분석 알고리즘

K-대풋값 군집 분석은 이상치의 영향을 덜 받게 되지만, 분석 시 반복횟수가 많아지게 되어 시간이 오래 걸린다는 단점이 있습니다. 특히 데이터 수가 많아질수록 그에 비례하여 시간도 대폭 증가하는 경향이 있습니다.

4.1.1.1에서 쓴 데이터 세트를 그대로 이용해서 K-대풋값 군집 분석을 수행해보겠습니다.

```
ln [53]: import pandas as pd
from konlpy.tag import Hannanum
from sklearn.feature_extraction.text import CountVectorizer
from pyclustering.cluster import kmedoids
import numpy as np

ln [54]: hannanum = Hannanum()
```

```
ln [55]: Data = pd.read_csv('E:\\책쓰기\\군집 분석데이터.csv',engine="python")

ln [56]: Data.head()
Out [56]:
```

	검색어	기사내용
0	유한양행	유한양행은 얀센 바이오테크(Janssen Biotech Inc)와 EGFR표적 항암...
1	유한양행	유한양행이 1조 4000억원 규모의 기술이전 계약 체결 소식에 가격제한폭까지 치솟았다...
2	유한양행	유한양행이 다국적 제약사 얀센에 기술수출했다는 소식에 주가가 5일 장 초반 상한가를...
3	유한양행	유한양행은 얀센 바이오테크(Janssen Biotech Inc)와 EGFR(상...
4	유한양행	유한양행이 1조 4000억원 규모 기술 수출 소식에 가격제한폭까지 치솟았다. 유한양행...

```
In [57]: docs = []
for i in Data['기사내용']:
    docs.append(hannanum.nouns(i))

In [58]: for i in range(len(docs)):
    docs[i] = ' '.join(docs[i])

In [59]: vec = CountVectorizer()
X = vec.fit_transform(docs)

In [60]: kmedoids_instance = kmedoids.kmedoids(df.as_matrix(), initial_
index_medoids=np.random.randint(15, size=3))

In [61]: kmedoids_instance.process()

In [62]: clusters = kmedoids_instance.get_clusters()

In [63]: clusters
Out [63]:
[[0, 1, 2, 3, 4, 5, 6], [8, 7, 9], [13, 10, 11, 12, 14]]
```

Out[63]을 보면 K-평균 군집 분석에 비해 데이터가 3개의 클래스로 완벽하게 잘 분류되지는 못했습니다. 참고로 In[60]에서 initial_index_medoids의 인자에 초기 대표 오브젝트를 입력해주어야 하는데 저자는 numpy 라이브러리의 randint 함수를 이용해서 0~14중 임의의 정수 3개를 뽑았습니다.

4.2.2. 구조적 군집 분석

분할 군집 분석이 데이터 오브젝트 집합을 몇 개의 배타적 그룹으로 나누는 데 반해서 구조적 군집 분석은 데이터 오브젝트를 트리 형태의 군집으로 나누어 줍니다. 즉, 개별 대상 간의 거리에 의하여 가장 가까이에 있는 대상들로부터 시작하여 결합해감으로써 트리 모양의 계층구조를 형성해가는 방법입니다.

예를 들어, 기업의 구성원 형태를 그룹으로 나눈다고 하면 임원, 직원으로 우선적으로 나눌 수 있습니다. 여기서 임원은 또다시 사장, 전무, 상무로 나눌 수 있고 직원은 부장, 과장, 대리, 사원으로 나눌 수 있습니다. 이렇게 구조적 군집 분석은 데이터 그룹을 또다시 하위 그룹으로 나누는 위계적 질서 형태를 보입니다. 따라서 전체적인 구조를 트리 구조로 시각화해서 보거나 위계 계층별 종합적인 통계정보를 산출할 때 유리합니다. 다음 그림은 계층적 군집 분석을 트리구조로 시각화하였습니다. 오브젝트 a, b, c, d, e, f가 거리에 따라서 묶여가며 전체적인 트리 형태를 만들어가는 것을 볼 수 있습니다.

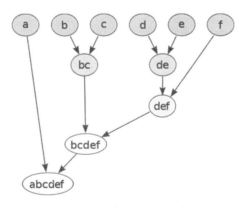

계층적 군집 분석 덴드로그램

4.2.2.1. 거리 측정법

구조적 군집 분석을 수행할 때는 두 군집 간의 거리를 측정하는 방법이 핵심입니다. 왜냐하면 두 군집 간의 거리를 측정하면서 계층적으로 가까운 군집끼리 서로 묶이며 군집을 형성해가기 때문입니다. 본 책에서는 가장 대표적으로 쓰이는 최소거리, 최대거리, 평균거리, 거리평균, Ward 측정법에 대해서 살펴보겠습니다. 수식에 있는 p는 오브젝트 한 점을 의미하며, m은 군집의 평균값을 의미합니다. 또한 C는 클러스터(군집)을, n은 클러스터에 포함된 오브젝트의 개수를 의미합니다.

최소 거리 : $$\min_{p \in C_i, p' \in C_j} |p - p'|$$ (수식 4-2)

최대 거리 : $$\max_{p \in C_i, p' \in C_j} |p - p'|$$ (수식 4-3)

평균 거리 : $$|m_i - m_j|$$ (수식 4-4)

거리 평균 : $$\frac{1}{n_i n_j} \sum_{p \in C_i, \, p' \in C_j} |p - p'|$$ (수식 4-5)

Ward : $$\frac{(m_i - m_j)^2}{\frac{1}{n_A} + \frac{1}{n_B}}$$ (수식 4-6)

최소거리를 이용한 군집 분석은 두 군집에서 가장 가까운 오브젝트들을 연결하면서 전체적인 계층을 형성해갑니다. 반면 최대거리를 이용한 군집 분석은 두 군집에서 가장 먼 오브젝트들을 연결하면서 전체적인 계층을 형성해갑니다. 이상 두 가지 최소, 최대거리 측정법은 군집 간의 거리에서 극단적인 값을 비교했습니다. 따라서 아웃라이어나 노이즈에 상대적으로 민감할 수 있습니다. 평균거리를 이용한 군집 분석은 두 군집의 중심점(평균점) 간의 거리로 계층을 생성해가며 계산과정이 비교적 간단하다는 장점이 있습니다.

거리평균을 이용한 군집 분석은 군집 간 각 오브젝트 간의 거리를 모두 합한 후 오브젝트 조합 개수로 나누어 거리를 계산합니다. 거리평균 계산방법은 벡터를 계산하기 어려운 정성적인 데이터들에게도 적용 가능하다는 장점이 있습니다. Ward는 군집 내 증분과 군집 간 제곱합을 동시에 고려하여 거리를 산출합니다. 즉, 두 군집이 합쳐졌을 때의 오차 제곱합의 증가분에 기반을 두고 측정합니다. 아웃라이어나 노이즈에 덜 민감하며 비슷한 크기의 군집끼리 묶어주는 경향이 있습니다.

구조적 군집 분석은 조직도처럼 계층적으로 구분하여 주기 때문에 한눈에 데이터의 전체적인 구조를 보기에 용이하다고 하였습니다. 다음 예에서 구조적 군집 분석을 시각화한 여러 형태를 살펴보겠습니다.

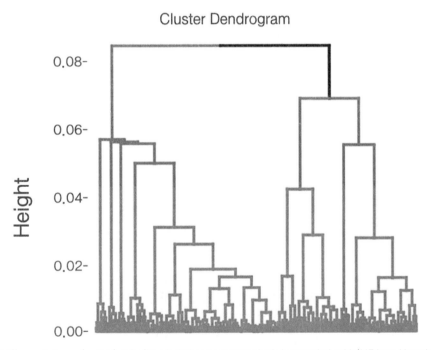

http://www.sthda.com/english/articles/31-principal-component-methods-in-r-practical-guide/117-hcpc-hierarchical-clustering-on-principal-components-essentials/

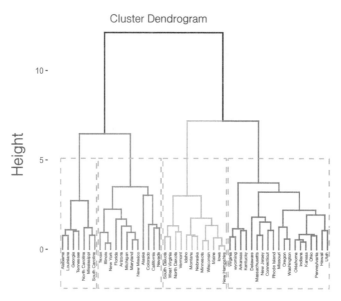

Cluster Dendrogram

https://www.datanovia.com/en/lessons/agglomerative-hierarchical-clustering/

구조적 군집 분석을 시각화한 예들을 살펴보면 알 수 있듯이 같은 군집 또는 같은 층에 따라서 색깔을 달리한 경우가 보편적입니다. 트리의 모양은 연구자의 입맛에 따라 다양한 형태(가지 모양, 꺾은 직선, 곡선)로 나타내면 됩니다.

다음으로는 파이썬을 이용해서 구조적 군집 분석 코드를 만들어 보겠습니다.

```
ln [64]: import pandas as pd
from konlpy.tag import Hannanum
from sklearn.feature_extraction.text import CountVectorizer
import numpy as np
import matplotlib.pyplot as plt
from matplotlib import pyplot as plt
from sklearn.cluster import AgglomerativeClustering
import scipy.cluster.hierarchy as shc

ln [65]: hannanum = Hannanum()

ln [66]: Data = pd.read_csv('E:\\책쓰기\\군집 분석데이터.csv',engine="python")

ln [67]: Data.head()
```

Out [67]:

	검색어	기사내용
0	유한양행	유한양행은 얀센 바이오테크(Janssen Biotech Inc)와 EGFR표적 항암...
1	유한양행	유한양행이 1조 4000억원 규모의 기술이전 계약 체결 소식에 가격제한폭까지 치솟았다...
2	유한양행	유한양행이 다국적 제약사 얀센에 기술수출했다는 소식에 주가가 5일 장 초반 상한가를...
3	유한양행	유한양행은 얀센 바이오테크(Janssen Biotech Inc)와 EGFR(상...
4	유한양행	유한양행이 1조 4000억원 규모 기술 수출 소식에 가격제한폭까지 치솟았다. 유한양행

```python
In [68]: docs = []
for i in Data['기사내용']:
    docs.append(hannanum.nouns(i))

In [69]: for i in range(len(docs)):
    docs[i] = ' '.join(docs[i])

In [70]: vec = CountVectorizer()
X = vec.fit_transform(docs)

In [71]: df = pd.DataFrame(X.toarray(), columns=vec.get_feature_names())

In [72]: cluster = AgglomerativeClustering(n_clusters=3, linkage='ward')
cluster.fit_predict(df)
Out [72]:
array([2, 2, 2, 2, 2, 1, 1, 1, 1, 1, 0, 0, 0, 0, 0], dtype=int64)

In [73]: plt.figure(figsize=(10, 7))
plt.title("Customer Dendograms")
dend = shc.dendrogram(shc.linkage(df, method='ward'))

Out [73];
```

In [72]에서 클러스터 수를 3으로 연결 측정법을 ward로 설정하여 분석을 수행하였습니다. Out [72]를 보면 군집 분석 결과가 의도한 대로 잘 나왔음을 알 수 있습니다. 또한, 계층적 군집 분석의 장점인 시각화도 Out [73]에서 볼 수 있습니다.

4.3. 토픽 모델링 - 토픽 모델링을 이용하여 문서의 토픽을 추론하자!

토픽 모델링은 구조화되지 않은 방대한 문헌집단에서 주제를 찾아내기 위한 알고리즘으로, 맥락과 관련된 단서들을 이용하여 의미를 가진 단어들을 클러스터링하여 주제를 추론하는 모델입니다.

뉴스, 블로그, SNS 등의 형태로 대규모의 문서들이 저장되면서 사람들이 찾고자 하는 주제를 발견하는 것이 어려워졌습니다. 따라서 방대한 양의 정보를 관리하고, 검색하고, 이해를 돕기 위한 도구로 토픽 모델링이 널리 활용되고 있습니다. 토픽 모델링은 구조화되지 않은 대량의 텍스트로부터 숨겨져 있는 주제 구조를 발견하기 위한 통계적 추론 알고리즘입니다. 또한, 감성 분석, 소셜 네트워크 분석 등의 타 분석모델과도 혼합하여 자주 쓰이고 있습니다.

토픽 모델링 결과는 간단히 표로 정리하여 나타내는 경우도 많지만 다양한 시각적 효과와 곁들여서 보여주면 더 효과적입니다. 다음에서 토픽 모델링 결과를 시각화 기법과 결합하여 보여준 예들을 살펴보겠습니다.

토픽 모델링과 단어구름의 결합 형태
https://cyram.tistory.com/249

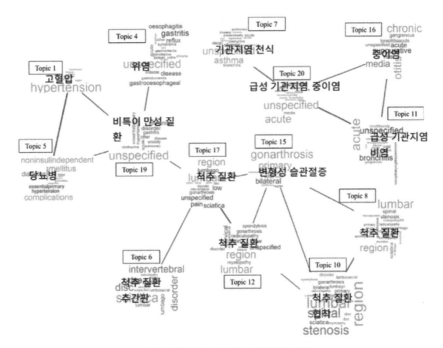

토픽 모델링과 단어네트워크와의 결합 형태
https://hurcy.github.io/ko/2016/12/28/진료-기록-마이닝을-위한-질병-의약품-토픽-모델링.html

쿨 토픽트렌드

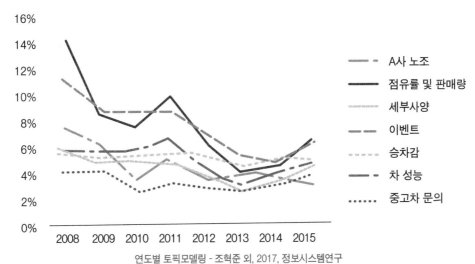

연도별 토픽모델링 - 조혁준 외, 2017, 정보시스템연구

4.3.1. LDA(Latent Dirichlet Allocation)

LDA는 토픽 모델링 기법 중 텍스트 마이닝 분석에서 가장 많이 활용되는 초창기 모델입니다. LDA에는 단어의 교환성 가정이 있습니다. 교환성은 단어들의 순서는 상관하지 않고 오로지 단어들의 유무만이 중요하다는 가정입니다. 단어의 순서를 무시할 경우 문서는 단순히 그 안에 포함하는 단어들의 빈도수만을 가지고 표현할 수 있게 됩니다. 이 가정을 기반으로 단어와 문서들의 교환성을 포함하는 혼합 모형을 제시한 것이 LDA입니다.

LDA에서 각각의 문서는 여러 개의 주제를 가지고 있습니다. 예를 들어 [빅데이터, 알고리즘, AI, IOT] 등의 단어들이 많이 쓰인 문서와 [셰익스피어, 톨스토이, 파우스트] 등의 단어들이 많이 쓰인 문서가 있다고 해보면 첫 번째 문서는 데이터 사이언스에 관련된 내용이고 두 번째 문서는 문학과 관련된 내용으로 추측할 수 있습니다. 그 이유는 문서에 들어가 있는 단어들이 해당 주제들을 표현하고 있음을 알기 때문입니다. 그리고 이러한 단어들로 연구자가 주제들을 추측하여 직접 라벨링을 할 수 있습니다.

LDA 모형의 자세한 수식적 설명과 원리를 설명하는 것은 이 책의 범위를 넘어간다고 생각돼서 이 책에서는 생략하였습니다. 자세한 원리가 궁금한 독자분들은 'Blei, D. M., Ng, A. Y., & Jordan, M. I. (2003). Latent dirichlet allocation. Journal of machine Learning research, 3(Jan), 993-1022.' 이 논문을 참조하기 바랍니다.
이번 예제 코드는 영어문장 10개를 각각의 문서로 보고 토픽(토픽 개수 3)으로 토픽 모델링을 수행해 보겠습니다. LDA 모형을 만들기 위해 gensim 라이브러리를 사용하니 사전에 미리 설치하기 바랍니다.

```
ln [74]: from nltk.corpus import stopwords
from nltk.stem.porter import PorterStemmer
from gensim import corpora, models
import gensim
```

```
from nltk.tokenize import RegexpTokenizer

ln [75]: tokenizer = RegexpTokenizer('[\w]+')

ln [76]: stop_words = stopwords.words('english')

ln [77]: p_stemmer = PorterStemmer()

In [78]: doc_a = "Brocolli is good to eat. My brother likes to eat good
brocolli, but not my mother."
doc_b = "My mother spends a lot of time driving my brother around to
baseball practice."
doc_c = "Some health experts suggest that driving may cause increased
tension and blood pressure."
doc_d = "I often feel pressure to perform well at school, but my mother
never seems to drive my brother to do better."
doc_e = "Health professionals say that brocolli is good for your
health."
doc_f = "Big data is a term used to refer to data sets that are too
large or complex for traditional data-processing application software to
adequately deal with."
doc_g = "Data with many cases offer greater statistical power, while
data with higher complexity may lead to a higher false discovery rate"
doc_h = "Big data was originally associated with three key concepts:
volume, variety, and velocity."
doc_i = "A 2016 definition states that 'Big data represents the
information assets characterized by such a high volume, velocity and
variety to require specific technology and analytical methods for its
transformation into value'."
doc_j = "Data must be processed with advanced tools to reveal meaningful
information."

In [79]: doc_set = [doc_a, doc_b, doc_c, doc_d, doc_e, doc_f, doc_g, doc_
h, doc_i, doc_j]

In [80]: texts = []

In [81]: for w in doc_set:
    raw = w.lower()
    tokens = tokenizer.tokenize(raw)
    stopped_tokens = [i for i in tokens if not i in stop_words]
    stemmed_tokens = [p_stemmer.stem(i) for i in stopped_tokens]
```

```
    texts.append(stemmed_tokens)

In [82]: dictionary = corpora.Dictionary(texts)

In [83]: corpus = [dictionary.doc2bow(text) for text in texts]

In [84]: ldamodel = gensim.models.ldamodel.LdaModel(corpus, num_topics=3,
id2word = dictionary)

In [85]: ldamodel.print_topics(num_words=5)
Out [85]:
[(0,
  '0.040*"good" + 0.038*"brocolli" + 0.032*"eat" + 0.030*"brother" +
  0.030*"mother"'),
 (1,
  '0.076*"data" + 0.027*"higher" + 0.027*"complex" + 0.024*"big" +
  0.020*"process"'),
 (2,
  '0.038*"health" + 0.027*"drive" + 0.022*"say" + 0.021*"pressur" +
  0.021*"brocolli"')]

In [86]: ldamodel.get_document_topics(corpus)[0]
Out [86]:
[(0, 0.9317756), (1, 0.03378377), (2, 0.0344406)]
```

In [74]에서 관련 라이브러리들을 불러온 후 In [78]에서 예제 문장들을 입력합니다. 그 후 In [79]에서 각 문장들을 리스트로 묶어주어 모델에서 문서 역할을 하도록 합니다. In [80]에서 빈 리스트를 만들어준 후 In [81]에서 for loop문으로 빈 리스트 texts에 문서별 단어들을 넣어줍니다. 문서별 단어들은 소문자화한 후 토크나이징, 불용어 제거, 어근추출 과정을 거쳐 전처리됩니다. In [82]에서 문서의 단어들을 사전형으로 바꾸어준 후 In [83]에서 문서-단어 매트릭스를 형성해줍니다. In [84]에서 LDA 모형을 만들어주는데 예제에서는 토픽 개수를 3으로 지정하였습니다. In [85]에서 토픽별 출력단어들을 5개로 지정하여 Out [85]에 토픽별 단어들이 출력되었습니다. 단어 옆의 숫자는 가중치를 의미하며 각 토픽에서 해당 단어가 설명하는 비중이라 할 수 있습니다. In [86]은 문서별 토픽 분포를 보여주는 건데 예시에서는 0번째 문서의 토픽 분포를 보여주었습니다. 0번째 문서에 토픽 1~3의 분포를 보여주었습니다. 모든 토픽의 분포 확률의 합은 1이 됩니다.

연구자 직접 넣어주어야 하는 파라미터 중 토픽 개수를 도대체 몇 개로 해야 할지 궁금할 겁니다. 대량의 문서에서 가장 적절한 토픽의 개수를 넣어야 모델의 결과를 신뢰할 수 있을 것입니다. 사전에 가장 적절한 토픽 개수를 알고 있거나 또는 사전에 미리 분류해야 할 개수를 알고 있으면 그 개수로 지정해주면 됩니다. 하지만 대부분의 연구에서 이러한 사전정보를 갖고 있지 않습니다. 다음 절에서는 통계적 방법으로 최적의 토픽 개수를 구하는 방법을 알아보겠습니다.

4.3.2. LDA 토픽 개수 지정

토픽 모델링의 토픽 개수를 지정하는 통계적 방법은 크게 perplexity 또는 topic coherence 점수를 사용하는 것으로 나뉩니다.

Perplexity는 사전적 의미로는 "당혹, 혼란, 곤혹" 등의 의미인데, 정보학에서 쓰일 때는 혼란도의 의미로 쓰입니다. 이 수치는 특정 확률모델이 실제로 관측되는 값을 얼마나 잘 예측하는지 평가할 때 사용합니다. 토픽 모델링도 문헌 집합 내 용어 출현 횟수를 바탕으로, 문헌 내 주제 출현 확률과 주제 내 용어 출현 확률을 계산하는 확률모델이므로 perplexity가 사용될 수 있습니다. 토픽 개수를 늘릴수록 perplexity는 감소하는 경향을 보입니다. 그러다가 특정 토픽 개수 지점을 지나면 더 이상 perplexity는 감소하지 않고 수렴하는 지점이 등장하는데 이때의 perplexity가 해당 모델의 최종 perplexity로 봅니다. 이 perplexity가 작으면 작을수록 해당 토픽 모델은 실제 문헌 결과를 잘 반영한다는 뜻이므로 학습이 잘 되었다고 평가할 수 있습니다.

Topic Coherence는 실제로 사람이 해석하기에 적합한 평가 척도를 만들기 위해서 제시된 척도입니다. 우선 토픽 모델링 결과로 나온 주제들에 대해 각각의 주제에서 상위 N개의 단어를 뽑습니다. 모델링이 잘 되었을수록 한 주제 안에는 의미론적으로 유사한 단어가 많이 모여있게 마련입니다. 따라서 상위 단어 간의 유사도를 계산하여 평균을 구하면 실제로 해당 주제가 의미론적으로 일치하는 단어들끼리 모여있는지 알 수 있습니다.

```
ln [87]: from gensim.models import CoherenceModel

In [88]: print('\nPerplexity: ', ldamodel.log_perplexity(corpus))
coherence_model_lda = CoherenceModel(model=ldamodel, texts=texts,
dictionary=dictionary, topn=10)
coherence_lda = coherence_model_lda.get_coherence()
print('\nCoherence Score: ', coherence_lda)
Out [88]:
Perplexity:  -5.078001425184053

Coherence Score:  0.45969066054934266
```

In [87]에서 topic coherence를 구하기 위한 라이브러리를 불러온 후 In [88]에서 perplexity와 topic coherence를 각각 계산하였습니다. CoherenceModel에서 topn 파라미터는 상위 N개의 단어를 이용하여 유사도를 계산하라는 의미입니다. 계산 결과는 Out [88]과 같으며 이러한 방법으로 토픽의 개수를 달리하면서 모델을 생성하고 모델마다 perplexity와 topic coherence를 계산 후 지표가 수렴하는 토픽을 최종 토픽 모형으로 지정하면 됩니다. 토픽 개수 3일 때의 모델을 예시로 perplexity와 topic coherence를 계산하였는데 다음 예제에서는 토픽의 개수를 달리하면서 각 지표를 계산해 보겠습니다.

```
ln [89]: import matplotlib.pyplot as plt

In [90]: perplexity_values = []
for i in range(2,10):
    ldamodel = gensim.models.ldamodel.LdaModel(corpus, num_topics=i,
    id2word = dictionary)
    perplexity_values.append(ldamodel.log_perplexity(corpus))

In [91]: x = range(2,10)
```

```
plt.plot(x, perplexity_values)
plt.xlabel("Number of topics")
plt.ylabel("Perplexity score")
plt.show()
```
Out [91]:

```
In [92]: coherence_values = []
for i in range(2,10):
    ldamodel = gensim.models.ldamodel.LdaModel(corpus, num_topics=i,
    id2word = dictionary)
    coherence_model_lda = CoherenceModel(model=ldamodel, texts=texts,
    dictionary=dictionary,topn=10)
    coherence_lda = coherence_model_lda.get_coherence()
    coherence_values.append(coherence_lda)
```

```
In [93]: x = range(2,10)
plt.plot(x, coherence_values)
plt.xlabel("Number of topics")
plt.ylabel("coherence score")
plt.show()
```
Out [93]:

In [89]에서 plot을 그리기 위한 라이브러리를 불러옵니다. 그 후 토픽의 개수를 2~9

개까지 변경해가며 각각 perplexity와 topic coherence 지표를 계산하여 plot으로 나타내었습니다. perplexity나 topic coherence 지표 모두 토픽 개수 3~9 사이에서 지표들이 위아래로 요동치는 것을 볼 수 있습니다. 따라서 시작지점인 토픽 개수 3을 최종 모형의 토픽 개수로 지정하는 게 합리적으로 보입니다.

4.4. 감성 분석 - 텍스트의 감성 정도를 지표로 나타내자!

감성 분석은 텍스트에 나타난 주관성 요소를 탐지하여 긍정과 부정의 요소 및 그 정도성을 판별하여 정량화하는 작업입니다. 더불어 단순히 긍정과 부정을 판별하는 것에서 나아가 긍정과 부정의 대상이 되는 단어 또는 개체를 추출하고 감성을 표현하는 이의 의도나 입장을 분석하는 것 역시 포함합니다.

감성 분석은 감성표현을 분석함으로써 이에 나타난 의견, 평가, 태도 등의 특징적 양상을 정량화된 자료로 제시하는 것입니다. 물론 이러한 일의 궁극적 목적은 단순히 절대적 지표로 표현하는 게 아니라 텍스트 간 비교 우위를 밝혀서 상대적 비교를 하는 데 있습니다.

감성 분석은 크게 두 가지 방법으로 분류할 수 있습니다. 단어 사전 기반 분석과 지도 기계학습 기반 분석입니다. 단어 사전 기반 분석은 어떤 단어가 어떤 감성을 전달하는 단어인지 알려줄 수 있는 보조 자료가 필수적입니다. 즉, 감성 사전을 이용하여 각 단어의 감정 분류와 그 정도를 알 수 있어야 합니다. 또한, 특정 단어 혹은 특정 표현이 사용된 문서가 어떤 감성을 나타내는지 미리 모델로 만들어진 지도 기계학습 방법을 사용할 수 있습니다. 이 경우 텍스트와 해당 텍스트의 각 문서별 감성 지수가 사전에 정의되어 있어야 합니다. 그리고 텍스트의 주제나 장르 또는 맥락이 균일하고 예측 모델에 적용할 새로운 데이터도 같은 성격의 텍스트이어야 합니다. 왜냐하면 텍스트마다 그 성격에 따라 서로 다른 특성을 보일 수 있기 때문에 모델 생성 시 같은 성격의 텍스트를 넣어야 합니다.

감성 분석도 그 결과를 시각화하여 다양하게 표현할 수 있습니다. 다음 그림에서 감성 분석 결과를 시각화로 표현한 예제들을 살펴보겠습니다.

긍정, 부정 단어 구분한 단어구름
http://doc.mindscale.kr/blog/2016/1/25/introduction-to-sentiment-analysis/

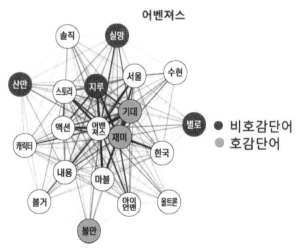

긍정, 부정 단어 네트워크
http://soeque1.github.io/RUCK2015/html/kim_quantlab.html#1

앞에서 보듯이 감성 분석 결과는 다양하게 나타낼 수 있습니다. 단어구름, 네트워크 분석, 토픽 모델링 등과 결합할 수도 있으며 연도, 성별, 인물별로 긍정 및 부정 감성 정도나 감성표현 분류도 할 수 있습니다. 다양한 색상과 그래프 표현 방식을 활용하면 더욱 효과적입니다.

4.4.1. 사전 기반 감성 분석

감성 사전을 이용하여 텍스트에 담긴 감성을 분석하는 예를 들어봅시다. good, happy, pleasure, beautiful과 같은 단어가 포함되어 있는 문서가 있으면 긍정적 감성을 드러낸다고 추정할 수 있습니다. 반대로 bad, terrible, gloomy, sad와 같은 단어가 포함된 문서의 경우 부정적 감성을 드러낸다고 추정할 수 있습니다. 즉, 사전기반 감성 분석은 텍스트에 쓰인 단어의 감성 수준을 감성 사전을 통해 구한 후 이를 이용해 감성 정도를 계산하는 방법으로 말할 수 있습니다.

사전기반 감성 분석을 하기 위해서는 감성 사전을 무엇을 쓰느냐가 매우 중요하며 감성 사전을 어떠한 것을 사용했는지에 따라 그 결과도 조금 다르게 나올 수 있습니다. 영어 감성 사전의 경우는 아래와 같은 사전들이 널리 사용되고 있습니다. 각 사전에 대한 설명은 사전별 웹사이트 또는 매뉴얼을 번역하였습니다.

- **AFINN:** AFINN은 Finn Arup Nielsen이 2009~2011년에 직접 수집한 감성 어휘들에 대해 -5~+5의 점수를 부여한 사전입니다. 2,477개의 감성어들이 영어 사용자의 판단을 근거로 부정적, 긍정적 감성 점수가 부여되었습니다. ref)http://www2.imm.dtu.dk/pubdb/views/publication_details.php?id=6010

- **EmoLex:** EmoLex는 단어들을 긍정과 부정으로 나눌 뿐만 아니라 분노, 공포, 기대, 신뢰, 놀람, 슬픔, 기쁨, 역겨움과 같은 8가지 감정으로도 나누어 줍니다. 따라서 인간의 정서 정보를 더욱 풍부하게 반영한다고 볼 수 있습니다.

EmoLex는 크라우드소싱을 통해서 감성 정보를 축적하였습니다. 즉, 다수의 사람이 감성 정보 코딩에 참여하였습니다. 1만 4,182개의 감성어들을 보유하고 있습니다. ref)https://saifmohammad.com/WebPages/NRC-Emotion-Lexicon.htm

- **Bing Liu lexicon:** 감성어들은 긍정, 부정으로만 분류하고 있으며 따로 점수를 지표하지는 않았습니다. 6,800여 개의 감성어들이 존재하며 지속적으로 업데이트되고 있습니다. ref)https://www.cs.uic.edu/~liub/FBS/sentiment-analysis.html

- **SentiWordNet:** SentiWordNet은 긍정, 부정, 중립으로 단어들을 분류합니다. 파이썬 NLTK 패키지에서 사용할 수 있어 간편합니다. 지속적으로 버전업을 하고 있으며 현재 3.0 버전까지 발표되었습니다. ref)https://sentiwordnet.isti.cnr.it/

영어 감성 사전은 이외에도 여럿 존재합니다. 또한, 연구자의 재량에 따라 더 풍부한 정보를 얻기 위해 여러 개의 감성 사전을 혼합, 병합하여 사용하기도 합니다. 한국어 감성 사전은 일반에게 공개된 사전을 찾기가 쉽지 않습니다. 감성 사전이 개발자에게 사전 동의를 구한 후 사용할 수 있거나 기업의 지적 재산권으로 보호되고 있습니다. 따라서 이 책에서는 영어 감성 분석만을 수행할 예정입니다.

하지만 한국어 감성 분석을 원하시는 독자들을 영어 감성 분석과 같은 방식으로 수행하면 되니 어렵지 않게 할 수 있을 겁니다. 단, 개발자로부터 사전에 한국어 감성 사전을 허락받거나 한국어를 번역기를 사용해 영어로 번역한 후 감성 분석을 수행하면 됩니다. 필자가 알고 있는 한국어 감성 사전 중 KOSAC이라는 사전이 존재하며 개발자의 동의를 얻은 후 사용할 수 있는 것으로 알고 있습니다. KOSAC 사전에 대한 자세한 내용은 http://word.snu.ac.kr/kosac/index.php 웹사이트를 참조하면 됩니다.

영화 리뷰 데이터를 이용해서 감성 분석을 수행해보겠습니다. 감성 분석을 연습하기 위해서 자주 사용되는 영화사이트 IMDB의 리뷰데이터를 이용하겠습니다. IMDB 리뷰 데이터는 5만여 건의 훈련, 테스트 리뷰데이터를 포함하며 긍정리뷰, 부정리뷰로 라벨링이 되어 있어 연습용으로 안성맞춤입니다. 이후 절에서 기계학습으로 감성 분석을 할 때도 IMDB 데이터를 계속해서 사용하겠습니다.

```
ln [94]: import pandas as pd
import glob
from afinn import Afinn
from nltk.corpus import stopwords
from nltk.stem.porter import PorterStemmer
from nltk.tokenize import RegexpTokenizer
import numpy as np
import matplotlib.pyplot as plt

In [95]:   pos_review=(glob.glob("E:\\파이썬으로텍스트 마이닝분석\\데이터\\
aclImdb\\train\\pos\\*.txt"))[20]

In [96]: f = open(pos_review, 'r')
lines1 = f.readlines()[0]
f.close()

In [97]: afinn = Afinn()

In [98]: afinn.score(lines1)
Out [98]:
8.0

In [99]: neg_review=(glob.glob("E:\\파이썬으로텍스트 마이닝분석\\데이터\\aclImdb\\
train\\neg\\*.txt"))[20]

In [100]: f = open(neg_review, 'r')
lines2 = f.readlines()[0]
f.close()

In [101]: afinn.score(lines2)
Out [101]:
-4.0
```

```
In [102]: NRC=pd.read_csv('E:\\파이썬으로텍스트 마이닝분석\\데이터\\nrc.txt',engine
="python",header=None,sep="\t")

In [103]: NRC=NRC[(NRC != 0).all(1)]

In [104]: NRC=NRC.reset_index(drop=True)

In [105]: tokenizer = RegexpTokenizer('[\w]+')

In [106]: stop_words = stopwords.words('english')

In [107]: p_stemmer = PorterStemmer()

In [108]: raw = lines1.lower()
tokens = tokenizer.tokenize(raw)
stopped_tokens = [i for i in tokens if not i in stop_words]

In [109]: match_words = [x for x in stopped_tokens if x in list(NRC[0])]

In [110]: emotion=[]
for i in match_words:
    temp=list(NRC.iloc[np.where(NRC[0] == i)[0],1])
    for j in temp:
        emotion.append(j)

In [111]: sentiment_result1=pd.Series(emotion).value_counts()

In [112]: sentiment_result1
Out[112]:
positive        8
trust           7
negative        5
joy             4
anticipation    4
sadness         3
fear            3
surprise        2
anger           2
dtype: int64

In [113]: sentiment_result1.plot.bar()
Out [113]:
```

```
In [114]: raw = lines2.lower()
tokens = tokenizer.tokenize(raw)
stopped_tokens = [i for i in tokens if not i in stop_words]

In [115]: match_words = [x for x in stopped_tokens if x in list(NRC[0])]

In [116]: emotion=[]
for i in match_words:
    temp=list(NRC.iloc[np.where(NRC[0] == i)[0],1])
    for j in temp:
        emotion.append(j)

In [117]: sentiment_result2=pd.Series(emotion).value_counts()

In [118]: sentiment_result2
Out [118]:
negative    2
disgust     2
fear        1
positive    1
anger       1
sadness     1
dtype: int64

In [119]: sentiment_result2.plot.bar()
Out [119]:
```

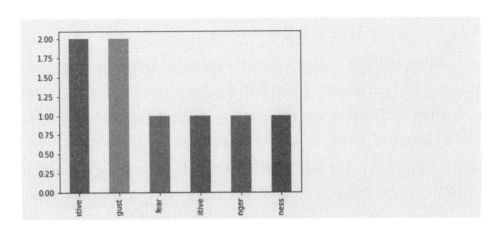

In [94]에서 관련 라이브러리들을 로드한 후 In [95]에서 IMDB 데이터세트 중 긍정훈련세트 20번째 데이터의 경로를 받아옵니다. 그 후 In [96]에서 readlines 함수로 해당 데이터의 문자열을 받아옵니다. In [97]에서 Afinn() 메서드를 실행한 후 In [98]에서 감성점수를 산출합니다. 긍정 데이터세트이므로 +8점이 나왔습니다. In [99]~In [101]은 부정 데이터세트를 같은 방식으로 감성점수를 산출하였습니다. 이처럼 Afinn 감성 사전을 이용한 감성 분석은 파이썬 라이브러리를 활용할 수 있어 텍스트 데이터에 대한 전처리 과정이 필요하지 않습니다. 라이브러리 자체가 텍스트 데이터를 전처리해주고 감성점수를 산출해주기 때문입니다.

In [102]부터는 EmoLex 감성 사전을 이용하여 감성 분석을 수행하였습니다. In [102]에서 감성 사전을 로드한 후 In [103]~In [104]에서 감성어와 감성표현이 유의미한 라벨들만 추출합니다. In [108]에서 긍정 텍스트를 전처리한 후 In [109]~In [110]에서 감성 사전과 텍스트의 감성어들의 맵핑합니다. In [111]에서 감성표현들의 출현횟수를 합친 후 In [112]~In[113]에서 그 결과를 보여줍니다. In [114]~In [119]까지는 부정 텍스트에 대해서 같은 분석을 수행한 결과입니다.

4.4.2. 지도 기계학습기반 감성 분석

지도 기계학습이란 훈련 데이터로부터 하나의 함수를 유추해내기 위한 기계 학습의 한 방법입니다. 훈련 데이터는 입력 객체에 대한 속성을 벡터 형태로 포함하고 있습니다. 이러한 훈련 데이터로 지도 학습 모델을 만들어 내고 모델을 이용해 주어진 데이터에 대해 예측하고자 합니다. 이를 텍스트 마이닝의 감성 분석에 적용하면 우선 텍스트 데이터 중 일부 문서가 훈련 데이터가 되어 인간 코더가 판단한 긍정 및 부정 라벨링이 포함시켜 줍니다. 그 후, 기계학습 모델을 생성한 후 생성된 모델을 이용해 새로운 테스트 데이터가 왔을 때 긍정 및 부정 여부를 판별합니다.

지도 기계학습에 쓰이는 알고리즘으로는 서포트 벡터 머신, 회귀 분석, 신경망, 나이브 베이즈 분류, 의사결정나무 등이 널리 쓰이고 있습니다. 각 알고리즘에 대한 자세한 내용이 궁금한 독자는 데이터 마이닝 관련 서적을 살펴보시길 바랍니다. 이 책에서는 각 알고리즘에 대한 개념만을 간단히 설명하겠습니다.

- **서포트 벡터 머신:** 데이터가 사상된 공간에서 경계로 표현될 때 가장 큰 폭을 가진 경계를 찾는 알고리즘입니다. 이를 통해 새로운 데이터가 어느 카테고리에 속할지 판단해줍니다.

- **회귀 분석:** 여러 속성 간의 관계성을 수학적으로 추정하여 예측값을 출력합니다. 기본적으로는 오차를 가능한 한 작게 만드는 모형이 좋은 모형이기 때문에 오차를 가장 작게 만드는 모형을 찾는 방법들이 만들어졌는데, 가장 일반적으로 접하게 되는 것은 자료와 평균의 오차를 제곱해서 더했을 때, 그 합이 가장 작아지는 모형을 찾아내는 최소제곱법을 사용합니다.

- **신경망:** 생물학의 신경망에서 영감을 얻은 알고리즘입니다. 노드들의 네트워크 모델이 반복적인 학습을 통해 최적의 가중치를 추정한 후 모델을 생성해냅니다.

- **나이브 베이즈 분류:** 조건부 확률 모델을 이용하여 카테고리 분류 모델을 생성합니다.

- **의사결정나무:** 의사결정나무는 데이터를 분석하여 이들 사이에 존재하는 패턴을 예측 가능한 규칙들의 조합으로 나타내며, 그 모양이 '나무'와 같다고 해서 의사결정나무라 불립니다. 질문을 던져서 대상을 좁혀나가는 '스무고개' 놀이와 비슷한 개념입니다.

감성 분석에 지도 기계학습을 적용하려면 훈련 데이터와 테스트 데이터의 성격이 동일해야 합니다. 텍스트의 주제, 성격에 따라 유사한 어구라도 긍정 및 부정 여부가 달라질 수 있기 때문입니다. 따라서 사전기반 감성 분석에 비해서 좀 더 세밀하고 특수한 경우의 텍스트에 대해서 감성 분석을 할 때 유용할 수 있습니다. 하지만 지도 학습 모델을 생성하기 위해서 초기에 대량의 훈련 데이터가 라벨링을 포함하여 준비되어야 한다는 단점이 존재합니다.

이번 절의 예제도 IMDB 영화 리뷰데이터를 이용해서 감성 분석을 수행해보겠습니다. IMDB 리뷰데이터는 5만여 건의 훈련, 테스트 리뷰데이터를 포함하며 긍정리뷰, 부정리뷰로 라벨링이 되어 있어 지도 기계학습 모델을 만들기에 매우 적합합니다.

```
ln [120]: import pandas as pd
import glob
from afinn import Afinn
from nltk.corpus import stopwords
import numpy as np
from sklearn.feature_extraction.text import TfidfVectorizer

In [121]: pos_review=(glob.glob("E:\\파이썬으로텍스트 마이닝분석\\데이터\\
aclImdb\\train\\pos\\*.txt"))

In [122]: lines_pos=[]
for i in pos_review:
    try:
```

```
            f = open(i, 'r')
            temp = f.readlines()[0]
            lines_pos.append(temp)
            f.close()
        except Exception as e:
            continue
```

In [123]: neg_review=(glob.glob("E:\\파이썬으로텍스트 마이닝분석\\데이터\\
aclImdb\\train\\neg*.txt"))

In [124]: lines_neg=[]
for i in neg_review:
    try:
        f = open(i, 'r')
        temp = f.readlines()[0]
        lines_neg.append(temp)
        f.close()
    except Exception as e:
        continue

In [125]: total_text=lines_pos+lines_neg

In [126]: x = np.array(["pos", "neg"])
class_Index=np.repeat(x, [len(lines_pos), len(lines_neg)], axis=0)

In [127]: stop_words = stopwords.words('english')

In [128]: vect = TfidfVectorizer(stop_words=stop_words).fit(total_text)

In [129]: X_train_vectorized = vect.transform(total_text)

In [130]: from sklearn.linear_model import LogisticRegression,SGDClassifie
r
model = LogisticRegression()
model.fit(X_train_vectorized, class_Index)

In [131]: pos_review_test=(glob.glob("E:\\파이썬으로텍스트 마이닝분석\\데이터\\
aclImdb\\test\\pos*.txt"))[10]

In [132]: test=[]
f = open(pos_review_test, 'r')
test.append(f.readlines()[0])
f.close()
```
```

```
In [133]: predictions = model.predict(vect.transform(test))

In [134]: predictions
Out [134]:
array(['pos'], dtype='<U3')

In [135]: neg_review_test=(glob.glob("E:\\파이썬으로텍스트 마이닝분석\\데이터\\
aclImdb\\test\\neg\\*.txt"))[10]

In [136]: test2=[]
f = open(neg_review_test, 'r')
test2.append(f.readlines()[0])
f.close()

In [137]: predictions = model.predict(vect.transform(test2))

In [138]: predictions
Out[138]:
array(['neg'], dtype='<U3')

In [139]: from sklearn.tree import DecisionTreeClassifier
clf = DecisionTreeClassifier()
clf.fit(X_train_vectorized, class_Index)

In [140]: predictions = clf.predict(vect.transform(test))

In [141]: predictions
Out [141]:
array(['pos'], dtype='<U3')

In [142]: predictions = clf.predict(vect.transform(test2))

In [143] : predictions
Out [143] :
array(['neg'], dtype='<U3')
```

In [120]에서 관련 라이브러리들을 로드합니다. In [121]~In [124]에서 긍정, 부정 리뷰 훈련세트를 불러와 적재한 후 In [125]에서 긍정, 부정 리뷰 훈련세트를 합칩니다. 그리고 In [126]에서 긍정, 부정 클래스 라벨링을 해줍니다. In [128]~In [129]에서 단어들에 Tfidf 가중치를 준 후 문서-단어 매트릭스로 바꾸어줍니다. In [130]에서 로지스틱 회귀모형을 세운 후 In [131]~In [138]에서 긍정 및 부정 테스트 리뷰 세트를 각각 하나씩 불러와 실험해보았습니다. 실험결과 긍정 테스트 리뷰세트는 긍정으로 부정 테스트 리뷰세트는 부정으로 잘 나왔습니다. In [139]~In[143]까지는 의사결정 나무 모형에 같은 방식으로 실험한 결과입니다.

4.5. 연관어 분석

연관어는 두 개의 단어가 주어진 문맥(문서, 문단, 문장 등)에서 서로 얼마나 연관되어 있는지를 말합니다. 가장 간단한 방법으로는 두 단어가 같은 문서에서 함께 출현하는 횟수를 세는 방법이 있습니다. 하지만 이외에도 단어 간의 통계적 방법으로 유사도를 산출하거나 딥러닝(word2vec) 유사도를 이용하는 방법도 널리 사용되고 있습니다.

연관어를 추출하기 위해서는 먼저 대상어를 선정해야 합니다. 대상어는 네트워크를 분석할 때 연구의 주된 대상으로 삼는 단어를 말합니다. 대상어는 분석 목적에 따라 결정되는데 연구자가 관심 있어 하는 단어로 선정하거나 빈번하게 사용되는 고빈도 단어로 선정할 수도 있습니다.

또한, 연관어 선정에 있어서 어떠한 문맥을 대상으로 추출할지도 정해야 합니다. 문서를 한 문맥으로 볼지 또는 문단, 문장, 문장 내에서의 정해진 윈도우 범위(예: 2단어 내)의 단어를 한 문맥으로 볼지를 정해야 합니다. 문서를 한 문맥으로 보는 게 가장 보편적인 방법입니다.

연관어 분석은 단어 간의 연관도를 살펴보기 위한 분석이라 무엇보다 시각화가 중요합니다. 단순히 단어 페어 간의 연관도를 산출하여 나열하면 너무 많은 단어페어가 나타나 읽을 수도 이해할 수도 없습니다. 또한, 두 단어 간의 페어만을 수치로 나타내기 때문에 전체 단어 간의 연관도로 알 수가 없습니다. 따라서 한눈에 중요 단어가 무엇인지 크기, 색상, 굵기 등으로 표현을 달리하고 단어를 노드로 단어 간 연관도를 링크로 나타낸 네트워크 시각화가 필수적입니다. 다음에서 연관어 분석을 네트워크로 시각화한 예시들을 살펴보겠습니다.

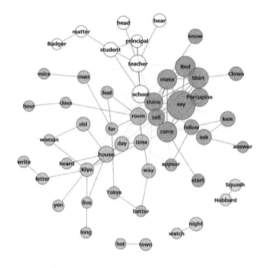

https://en.wikipedia.org/wiki/Co-occurrence_network

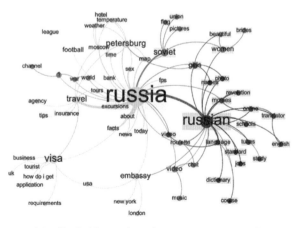

https://noduslabs.com/cases/text-network-analysis-seo/

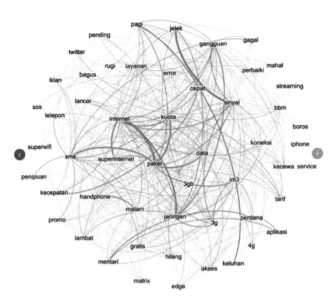

https://www.researchgate.net/figure/Network-text-based-on-word-pair-and-word-cluster-of-Indosat-IV-RESULT-AND-ANALYSIS_fig2_308567819

https://noduslabs.com/cases/word-cloud-generator-text-network/

예시 그림들을 보면 단어 노드 위치, 크기, 색상, 단어 링크 색상, 굵기, 노드군집색상 등을 활용해 단어 간의 관계를 표현하였습니다. 이러한 시각화를 위해서는 파이썬 이외의 시각화 툴을 사용하는 게 보편적입니다. 파이썬 코딩으로도 시각화를 할수 있지만 그 효과가 제한적이기 때문입니다. 즉, 파이썬으로는 단어 페어 간의 연관도를 구한 후 시각화 툴을 이용하여 시각화를 하는 방식입니다. 이러한 시각화 툴로는 Gephi, Centriufuge, Commetrix 등이 있습니다. 참조 :https://www.kdnuggets.com/2015/06/top-30-social-network-analysis-visualization-tools.html

4.5.1. 동시 출현 기반 연관어 분석

동시출현 기반 연관어 분석은 대상어와 다른 단어들이 같은 문맥 내에서 동시에 출현한 횟수를 세는 방법입니다. 같은 문맥 내에서 두 단어가 우연히 함께 나타날 빈도보다 실제로 함께 나타나는 빈도가 높을수록 강한 연관관계가 성립한다는 가정을 토대로 합니다. 동시출현 빈도의 횟수가 높을수록 대상어와의 연관성이 높다는 가정하에 일정한 임계값 이상의 동시출현 횟수가 넘는 대상어와 단어 간의 페어만을 남기고 나머지 페어들을 필터링합니다.

동시출현 빈도를 계산할 때 같은 문맥 내에서 계산 대상이 되는 단어들이 중복해서 출현했을 때 이를 어떻게 처리할지에 따라 결과가 다르게 나옵니다. 예를 들어 문맥을 하나의 문장으로 보았을 때, 다음 문장이 있다고 합시다.

"텍스트 마이닝을 이용한 빅데이터 수업을 들었는데 빅데이터 프로그래밍이 무척 재밌고 유익해서 프로그래밍 공부를 계속하려 합니다."

이 문장에서 '빅데이터'와 '프로그래밍'이라는 단어는 각각 2번씩 출현했습니다. 따라서 중복 출현을 모두 포함해서 동시출현 빈도를 계산하면 2×2=4가 됩니다. 또는 같은 문맥에서 중복된 단어들은 모두 하나로 처리하며 '빅데이터' 외 '프로그래밍'이라는 단어의 동시출현 빈도를 1로 계산하기도 합니다. 일반적으로는 후자를 많이 사용합니다. 왜냐하면 동시출현 빈도는 전체 문맥의 동시출현 빈도를 다 합하는 방식인데 특정 몇 개의 문맥에서 중복해서 발생하는 단어가 많아지면 결과가 왜곡될 수 있기 때문입니다.

이번 절에서도 IMDB 영화 리뷰데이터를 이용해 분석해보겠습니다.

```
ln [144] import pandas as pd
import glob
from afinn import Afinn
from nltk.corpus import stopwords
from nltk.stem.porter import PorterStemmer
from nltk.tokenize import RegexpTokenizer
import numpy as np
import matplotlib.pyplot as plt

In [145]: pos_review=(glob.glob("E:\\파이썬으로텍스트 마이닝분석\\데이터\\
aclImdb\\train\\pos\\*.txt"))[0:100]

In [146]: lines_pos=[]
for i in pos_review:
    try:
        f = open(i, 'r')
        temp = f.readlines()[0]
        lines_pos.append(temp)
        f.close()
    except Exception as e:
        continue

In [147]: len(lines_pos)
Out [147]:
100

In [148]: tokenizer = RegexpTokenizer('[\w]+')

In [149]: stop_words = stopwords.words('english')

In [150]: count = {}    #동시출현 빈도가 저장될 dict
for line in lines_pos:
```

```
    words =  line.lower()
    tokens = tokenizer.tokenize(words)
     stopped_tokens = [i for i in list(set(tokens)) if not i in stop_
words+["br"]]
    stopped_tokens2 = [i for i in stopped_tokens if len(i)>1]
    for i, a in enumerate(stopped_tokens2):
        for b in stopped_tokens2[i+1:]:
            if a>b:
                count[b, a] = count.get((b, a),0) + 1
            else :
                count[a, b] = count.get((a, b),0) + 1

In [151]: df=pd.DataFrame.from_dict(count, orient='index')

In [152]: list1=[]
for i in range(len(df)):
    list1.append([df.index[i][0],df.index[i][1],df[0][i]])

In [153]: df2=pd.DataFrame(list1, columns=["term1","term2","freq"])

In [154]: df3=df2.sort_values(by=['freq'],ascending=False)

In [155]: df3=df3.reset_index(drop=True)

In [156]: df3.head(20)
Out [156]:
      term1   term2   freq
0     film    story   41
1     movie   one     41
2     film    movie   35
3     movie   story   35
4     one     story   33
5     good    movie   32
6     film    one     31
7     movie   see     30
8     film    like    27
9     one     see     27
10    like    movie   26
11    great   movie   26
12    good    story   26
13    film    good    26
14    movie   time    25
15    good    one     25
```

```
16    film    time    25
17    movie   much    25
18    film    well    25
19    film    see     24
```

In [157]: neg_review=(glob.glob("E:\\파이썬으로텍스트 마이닝분석\\데이터\\
aclImdb\\train\\neg*.txt"))[0:100]

In [158]: lines_neg=[]
for i in neg_review:
    try:
        f = open(i, 'r')
        temp = f.readlines()[0]
        lines_neg.append(temp)
        f.close()
    except Exception as e:
        continue

In [159]: len(lines_neg)
Out [159]:
100

In [160]: count = {}   #동시출현 빈도가 저장될 dict
for line in lines_neg:
    words = line.lower()
    tokens = tokenizer.tokenize(words)
    stopped_tokens = [i for i in list(set(tokens)) if not i in stop_
    words+["br"]]
    stopped_tokens2 = [i for i in stopped_tokens if len(i)>1]
    for i, a in enumerate(stopped_tokens2):
        for b in stopped_tokens2[i+1:]:
            if a>b:
                count[b, a] = count.get((b, a),0) + 1
            else :
                count[a, b] = count.get((a, b),0) + 1

In [161]: df=pd.DataFrame.from_dict(count, orient='index')

In [162]: list1=[]
for i in range(len(df)):
    list1.append([df.index[i][0],df.index[i][1],df[0][i]])

In [163]: df2=pd.DataFrame(list1, columns=["term1","term2","freq"])

```
In [164]: df3=df2.sort_values(by=['freq'],ascending=False)

In [165]: df3=df3.reset_index(drop=True)

In [166]: df3.head(20)
Out [166]:
term1  term2   freq
0      film    movie   42
1      like    movie   40
2      movie   one     38
3      film    one     35
4      like    one     33
5      good    movie   32
6      even    movie   32
7      even    like    31
8      good    one     30
9      film    like    29
10     film    good    28
11     good    like    27
12     movie   would   27
13     movie   much    26
14     bad     one     25
15     bad     movie   25
16     even    film    25
17     movie   really  25
18     film    would   25
19     film    really  25
```

In [144]에서 관련 라이브러리들을 불러온 후 In [145]에서 IMDB 영화 리뷰데이터 트레인세트에서 긍정리뷰 처음 100개를 불러옵니다. In [150]에서 count 딕셔너리 변수에 동시출현 단어들을 계산해서 적재합니다.

이 예제에서는 동시출현 빈도를 세기 위한 문맥을 문서(리뷰) 단위로 보았습니다. 또한, set 함수를 이용해서 동일한 문맥 내에서 중복적으로 발생한 단어들을 모두 하나로 보았습니다. count 변수에 동시출현 페어를 적재한 후 보기 좋게 pandas dataframe 형태로 바꾸었습니다. In [156]에서는 동시출현 단어 페어 빈도 상위 20개를 출력하도록 하였습니다. Out [156]를 보면 'film'과 'story'라는 단어가 총 41번 동시출현해서 가장 많이 동시에 출현했음을 알 수 있습니다. 전체 문서(리뷰) 개수가 100개임을 생각할 때 4% 정도의 리뷰에서 두 단어가 동시의 출현함을 알 수 있습니다. 이후 In [157]부터 나오는 코드는 같은 분석을 부정 리뷰데이터세트 100개에 적용하는 과정입니다.

4.5.2. 통계적 가중치 기반 연관어 분석

연관어 분석을 위한 두 번째 방법은 통계적으로 가중치를 구한 후 두 단어 간의 유사도를 단어 간의 연관도로 적용하는 방법입니다. 유사도를 구하기 위해서는 우선 단어마다 가중치를 할당해야 합니다. 가장 간단하게는 출현 빈도로 할 수도 있고 tf-idf, tf-icf와 같은 가중치를 이용해도 됩니다. 단어마다 가중치를 할당한 이후에는 단어 간의 유사도를 계산해야 합니다. 텍스트 마이닝에서 가장 널리 쓰이는 유사도 계산 방법은 cosine similarity입니다. 하지만 이외에도 jaccard similarity, overlap similarity 등을 사용할 수 있습니다.

cosine similarity
$$S_{ij} = \frac{\sum_k (x_{ik} \times x_{jk})}{\sqrt{(\sum_k x_{ik}^2)(\sum_k x_{jk}^2)}} \quad \text{(수식 4-7)}$$

jaccard similarity
$$S_{ij} = \frac{\sum_k \min(x_{ik}, x_{jk})}{\sum_k \max(x_{ik}, x_{jk})} \quad \text{(수식 4-8)}$$

$$\text{overlap similarity } S_{ij} = \frac{\sum_k \min(x_{ik}, x_{jk})}{\min\left(\sum_k x_{ik}, \sum_k x_{jk}\right)} \quad \text{(수식 4-9)}$$

x는 출현빈도를 의미하며 i, k는 단어 인덱스를 k는 문서 인덱스를 의미합니다.
이번 절에서도 IMDB 영화 리뷰데이터를 이용해 분석해보겠습니다.

```
ln [167]: import pandas as pd
import glob
from afinn import Afinn
from nltk.corpus import stopwords
from nltk.stem.porter import PorterStemmer
from nltk.tokenize import RegexpTokenizer
import numpy as np
from sklearn.feature_extraction.text import TfidfVectorizer
from sklearn.metrics.pairwise import cosine_similarity
from scipy import sparse

In [168]: pos_review=(glob.glob("E:\\파이썬으로텍스트 마이닝분석\\데이터\\
aclImdb\\train\\pos\\*.txt"))[0:100]

In [169]: lines_pos=[]
for i in pos_review:
    try:
        f = open(i, 'r')
        temp = f.readlines()[0]
        lines_pos.append(temp)
        f.close()
    except Exception as e:
        continue

In [170]: len(lines_pos)
Out [170]:
100
```

```
In [171]: stop_words = stopwords.words('english')

In [172]: vec = TfidfVectorizer(stop_words=stop_words)

In [173]: vector_lines_pos = vec.fit_transform(lines_pos)

In [174]: A=vector_lines_pos.toarray()

In [175]: A.shape
Out [175]:
(100, 4001)

In [176]: A=A.transpose()

In [177]: A.shape
Out [177]:
(4001, 100)

In [178]: A_sparse = sparse.csr_matrix(A)

In [179]: similarities_sparse = cosine_similarity(A_sparse,dense_
output=False)

In [180]: list(similarities_sparse.todok().items())[35000:35010]
Out [180]:
[((1469, 108), 0.37803585968894826),
 ((1470, 108), 0.21896854347467395),
 ((1476, 108), 0.06407477897013802),
 ((1477, 108), 0.1851895775142377),
 ((1480, 108), 0.2011103687616941),
 ((1489, 108), 0.06995711757772093),
 ((1496, 108), 0.107148740670668894),
 ((1503, 108), 0.3048733383009192),
 ((1504, 108), 0.3048733383009192),
 ((1512, 108), 0.3048733383009192)]

In [181]: vec.get_feature_names()[100:105]
Out [181]:
['acted', 'acting', 'action', 'actions', 'actor']

In [182]: vec.get_feature_names()[1469]
Out [182]:
'fraud'
```

```
In [183]: vec.get_feature_names()[108]
Out [183]:
'actual'

In [184]: df=pd.DataFrame(list(similarities_sparse.todok().items()),columns
=["words","weight"])

In [185]: df2=df.sort_values(by=['weight'],ascending=False)

In [186]: df2=df2.reset_index(drop=True)

In [187]: df3=df2.loc[np.round(df2['weight']) < 1]

In [188]: df3=df3.reset_index(drop=True)

In [189]: df3.head(10)
Out [189]:
        words      weight
0    (3971, 3372)   0.499961
1    (3372, 3971)   0.499961
2    (2554, 1192)   0.499958
3    (1192, 2554)   0.499958
4    (2468, 1321)   0.499957
5    (1321, 2468)   0.499957
6    (710, 2468)    0.499957
7    (2468, 710)    0.499957
8    (889, 2146)    0.499909
9    (2146, 889)    0.499909
```

In [167]에서 관련 라이브러리들을 불러옵니다. In [168]에서 IMDB 영화 리뷰 훈련 데이터세트 중 긍정리뷰 100개를 불러옵니다. 그 후 각 리뷰데이터들을 In [169]에서 읽어온 후 In [173]~[174]에서 라이브러리의 함수를 이용해 tfidf 가중치를 할당합니다. 이대로 유사도를 구하게 되면 문서 간의 유사도를 구하게 됨으로 In [176]에서 매트릭스 transpose를 통해 단어-문서 매트릭스로 전치합니다. 그 후 In [179]에서 라이브러리의 함수를 이용해서 cosine similarity를 계산합니다. Out [180]을 보면 단어 페어가 인덱스 형태로 나옵니다. 각 단어의 명칭에 접근하기 위해서 In [181]~In [183]에서 볼 수 있듯이 get_feature_names() 메서드를 사용했습니다. Out [189]은 단어 페어 간의 유사도가 높은 순으로 정렬해서 pandas dataframe으로 나타낸 결과입니다. 주의할 점은 단어 자기 자신끼리의 페어는 무조건 1이 되기 때문에 In [187]에서 1 미만의 페어만 추출하도록 미리 필터링하였습니다.

4.5.3. word2vec 기반 연관어 분석

세 번째 방법으로 최근 주목받는 word2vec 방법이 있습니다. word2vec 방법은 2013년 구글팀에서 제안한 알고리즘으로 두 가지 가정을 기반으로 합니다. 첫째, 단어의 의미는 그 단어 주변 단어 분포로 이해될 수 있으며 둘째, 단어의 의미는 단어 벡터 안에 인코딩 될 수 있다는 것입니다. 앞 절의 두 방법과의 큰 차이점은 단순히 같은 문맥에 출현 횟수가 같으면 가중치가 같은 게 아니라 단어 위치, 순서에 따라서도 가중치가 달라질 수 있다는 점입니다. 가중치를 산출한 후에는 앞 절에서 살펴본 것처럼 유사도 공식을 이용해 두 단어 간의 유사도를 산출합니다.

word2vec 방법은 크게 CBOW, Skip-gram 두 가지로 나뉩니다. CBOW는 주변 단어로 중심 단어를 예측하도록 모델을 구축하고 Skip-gram은 중심 단어로 주변 단어를 예측하도록 모델이 구축됩니다. Skip-gram이 window size(주변에 포함할 단어 수)에 따라 반복학습을 더 많이 하기에 더 정확한 경우가 많아 최근에는 Skip-gram이 더 널리 쓰이고 있습니다.

이외 자세한 word2vec 알고리즘에 대한 설명은 이 책의 범위를 넘어가므로 자세한 내용이 궁금한 독자분들은 'Mikolov, T., Sutskever, I., Chen, K., Corrado, G. S., & Dean, J. (2013). Distributed representations of words and phrases and their compositionality. In Advances in neural information processing systems (pp. 3111-3119).' 논문을 참조하기 바랍니다.

이번 절에서도 IMDB 영화 리뷰데이터를 이용해 분석해 보겠습니다.

```
ln [190]: import pandas as pd
import glob
from nltk.corpus import stopwords
from nltk.stem.porter import PorterStemmer
import numpy as np
from nltk.tokenize import RegexpTokenizer
from gensim.models.word2vec import Word2Vec

In [191]: pos_review=(glob.glob("E:\\파이썬으로텍스트 마이닝분석\\데이터\\
aclImdb\\train\\pos\\*.txt"))[0:100]

In [192]: lines_pos=[]
for i in pos_review:
    try:
        f = open(i, 'r')
        temp = f.readlines()[0]
        lines_pos.append(temp)
        f.close()
    except Exception as e:
        continue

In [193]: len(lines_pos)
Out [193]:
100

In [194]: stop_words = stopwords.words('english')

In [195]: tokenizer = RegexpTokenizer('[\w]+')

In [196]: text=[]
for line in lines_pos:
    words =  line.lower()
    tokens = tokenizer.tokenize(words)
    stopped_tokens = [i for i in list(set(tokens)) if not i in stop_
    words+["br"]]
    stopped_tokens2 = [i for i in stopped_tokens if len(i)>1]
    text.append(stopped_tokens2)

In [197]: model = Word2Vec(text, sg=1, window=2, min_count=3)

In [198]: model.init_sims(replace=True)

In [199]: model.wv.similarity('film', 'movie')
```

```
Out [199]:
0.7878072887807493

In [200]: model.wv.most_similar("good",topn =5)
Out [200]:
[('film', 0.8105628490447998),
 ('see', 0.8046865463256836),
 ('story', 0.7942022085189819),
 ('life', 0.7926095724105835),
 ('first', 0.7894420623779297)]

In [201]: len(model.wv.index2word)
Out [201]:
895
```

In [190]에서 관련 라이브러리들을 로드합니다. In [191]에서 IMDB 영화 리뷰 훈련 데이터세트에서 긍정리뷰 100개의 위치를 가져옵니다. In [192]에서 100개 리뷰를 각각 읽어옵니다. In [196]에서 리뷰데이터세트에서 단어들을 추출한 후 In [197]에서 word2vec 모델을 만듭니다. sg=1은 Skip-gram을 적용하기 위한 파라미터이며 window=2는 중심 단어로부터 좌우 2개의 단어까지 학습에 적용하겠다는 의미입니다. min_count=3은 전체 문서에서 최소 3번 이상 출현한 단어들을 대상으로 학습을 진행하겠다는 의미입니다. Out [199]에서 'film'과 'movie' 간의 유사도를 나타내었습니다. Out [200]에서는 'good'과 가장 유사한 단어 5개를 나타내었습니다. gensim 패키지에서는 기본적으로 cosine similarity를 적용합니다.

4.5.4. 중심성(Centrality) 계수

중심성이란 그래프 이론에서 쓰이는 용어입니다. 하지만 단어 간의 연관도를 링크로 표현하면 하나의 그래프가 형성되기 때문에 연관성 분석에서 다루겠습니다. 위에 장에서는 단어 페어 간의 연관도를 계산하는 방법들을 배웠습니다. 하지만 전체 단어군에서 개별 단어(노드)의 상대적 중요성을 알 수는 없습니다.

예를 들어 A와 B라는 단어 간의 연관도를 구했지만, 전체 단어 중에서 A라는 단어가 상대적으로 지니는 중요성은 알지 못합니다. 또한, 그 중요성을 어떠한 잣대로 살펴봐야 할지도 여러 가지가 있습니다. 하지만 각 단어별 중심성 계수를 구하면 단어별 상대적 중요성을 중심성 계수 성격별로 구할 수 있습니다. 그 후 이 결과를 이용하여 리포트할 수도 있고 시각화를 할 때 노드의 크기, 색상, 진하기를 달리할 수도 있습니다. 다양한 중심성 계수가 있는데 대표적인 중심성 계수로는 연결 중심성(degree centrality), 근접 중심성(closeness centrality), 매개 중심성(betweenness centrality), 고유벡터 중심성(eigenvector centrality)이 있습니다.

다음 그림은 같은 그래프를 각 중심성 계수마다 노드의 색상을 달리하여 나타냈습니다. 이처럼 동일한 수치를 지닌 그래프라도 중심성 계수를 무엇으로 하느냐에 따라 다양한 그림으로 표현될 수 있습니다.

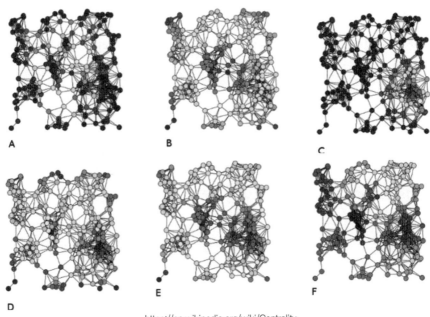

https://en.wikipedia.org/wiki/Centrality

각 중심성 계수에 대한 개념을 간단히 살펴보겠습니다. 중심성 마다 개념상 특징이 있고 연구자가 판단하기에 필요한 중심성을 선택하면 됩니다.

- **연결 중심성:** 하나의 노드가 직접적으로 몇 개의 노드와 연결되어 있는지를 측정합니다. 즉, 하나의 단어와 직접적으로 연관도 링크를 지닌 단어의 개수를 측정합니다. 단순히 1개의 링크 거리만을 고려함으로 국지적인 범위에서만의 역할을 보게 됩니다.

- **근접 중심성:** 단순히 1개의 링크 거리만을 고려하는 것은 전체 네트워크상에서의 노드의 영향력을 파악하기 어렵습니다. 따라서 직접적인 연결(1개 링크 거리)뿐만 아니라 간접적인 연결(2개 이상의 링크 거리)까지 포함해서 중심성을 측정합니다. 즉, 특정 단어와 연속적인 링크로 연결되는 모든 단어와의 거리에 따른 평균적인 연관도를 측정하여 글로벌적인 중요성 판단이 가능해집니다.

- **매개 중심성:** 해당 노드가 중계자 또는 브로커 역할을 얼마나 잘하는지 측정합니다. 즉, 노드 간 링크를 타고 건너갈 때 핵심적으로 통과해야만 하는 노드를 찾을 때 용이합니다. 매개 중심성이 크다면 네크워크 내의 의사소통의 흐름에 영향을 줄 소지가 많습니다. 매개 중심성은 작업자 간 워크플로우를 분석할 때 매우 용이하지만 텍스트 마이닝에서는 자주 활용되지는 않습니다.

- **고유벡터 중심성:** 각 노드마다 중요성을 부과할 때 해당 노드와 연결된 노드들의 중심성을 고려합니다. 즉, 높은 고유벡터 중심성을 가진 노드는 높은 점수를 가진 많은 노드와 연결되었음을 의미합니다. 고유벡터 중심성을 변형한 알고리즘 중 구글 검색알고리즘 PageRank가 유명합니다.

파이썬에서는 networkx라는 라이브러리가 존재하여 각 중심성 계수를 손쉽게 계산할 수 있습니다. 아래 예제에서 중심성 계수를 파이썬으로 구하는 예제를 살펴보겠습니다. 예제에서 단어 페어 간 연관도는 동시출현 빈도로 구하였습니다.

```
ln [202]: import pandas as pd
import glob
from afinn import Afinn
from nltk.corpus import stopwords
from nltk.stem.porter import PorterStemmer
from nltk.tokenize import RegexpTokenizer
import numpy as np
import matplotlib.pyplot as plt

In [203]: pos_review=(glob.glob("E:\\파이썬으로텍스트 마이닝분석\\데이터\\
aclImdb\\train\\pos\\*.txt"))[0:100]

In [204]: lines_pos=[]
for i in pos_review:
    try:
        f = open(i, 'r')
        temp = f.readlines()[0]
        lines_pos.append(temp)
        f.close()
    except Exception as e:
        continue

In [205]: tokenizer = RegexpTokenizer('[\w]+')

In [206]: stop_words = stopwords.words('english')

In [207]: count = {}    #동시출현 빈도가 저장될 dict
for line in lines_pos:
    words =  line.lower()
    tokens = tokenizer.tokenize(words)
    stopped_tokens = [i for i in list(set(tokens)) if not i in stop_
    words+["br"]]
    stopped_tokens2 = [i for i in stopped_tokens if len(i)>1]
    for i, a in enumerate(stopped_tokens2):
        for b in stopped_tokens2[i+1:]:
            if a>b:
                count[b, a] = count.get((b, a),0) + 1
            else :
                count[a, b] = count.get((a, b),0) + 1
```

```
In [208]: df=pd.DataFrame.from_dict(count, orient='index')

In [209]: list1=[]
for i in range(len(df)):
    list1.append([df.index[i][0],df.index[i][1],df[0][i]])

In [210]: df2=pd.DataFrame(list1, columns=["term1","term2","freq"])

In [211]: df3=df2.sort_values(by=['freq'],ascending=False)

In [212]: df3_pos=df3.reset_index(drop=True)

In [213]: neg_review=(glob.glob("E:\\파이썬으로텍스트 마이닝분석\\데이터\\
aclImdb\\train\\neg\\*.txt"))[0:100]

In [214]: lines_neg=[]
for i in neg_review:
    try:
        f = open(i, 'r')
        temp = f.readlines()[0]
        lines_neg.append(temp)
        f.close()
    except Exception as e:
        continue

In [215]: count = {}    #동시출현 빈도가 저장될 dict
for line in lines_neg:
    words =  line.lower()
    tokens = tokenizer.tokenize(words)
    stopped_tokens = [i for i in list(set(tokens)) if not i in stop_
    words+["br"]]
    stopped_tokens2 = [i for i in stopped_tokens if len(i)>1]
    for i, a in enumerate(stopped_tokens2):
        for b in stopped_tokens2[i+1:]:
            if a>b:
                count[b, a] = count.get((b, a),0) + 1
            else :
                count[a, b] = count.get((a, b),0) + 1

In [216]: df=pd.DataFrame.from_dict(count, orient='index')

In [217]: list1=[]
for i in range(len(df)):
```

```
    list1.append([df.index[i][0],df.index[i][1],df[0][i]])

In [218]: df2=pd.DataFrame(list1, columns=["term1","term2","freq"])

In [219]: df3=df2.sort_values(by=['freq'],ascending=False)

In [220]: df3_neg=df3.reset_index(drop=True)

In [221]: import networkx as nx
import operator

In [222]: G_pos=nx.Graph()

In [223]: for i in range((len(np.where(df3_pos['freq']>10)[0]))):
    G_pos.add_edge(df3_pos['term1'][i], df3_pos['term2'][i], weight=int(df3_
    pos['freq'][i]))

In [224]: dgr = nx.degree_centrality(G_pos)
btw = nx.betweenness_centrality(G_pos)
cls = nx.closeness_centrality(G_pos)
egv = nx.eigenvector_centrality(G_pos)

In [225]: sorted_dgr = sorted(dgr.items(), key=operator.itemgetter(1),
reverse=True)
sorted_btw = sorted(btw.items(), key=operator.itemgetter(1), reverse=True)
sorted_cls = sorted(cls.items(), key=operator.itemgetter(1), reverse=True)
sorted_egv = sorted(egv.items(), key=operator.itemgetter(1), reverse=True)

In [226]: print("** degree **")
for x in range(10):
    print(sorted_dgr[x])

print("** betweenness **")
for x in range(10):
    print(sorted_btw[x])

print("** closeness **")
for x in range(10):
    print(sorted_cls[x])

print("** eigenvector **")
for x in range(10):
    print(sorted_egv[x])
```

```
Out [226]:
** degree **
('movie', 0.8131868131868133)
('film', 0.7802197802197803)
('one', 0.6593406593406594)
('story', 0.6153846153846154)
('like', 0.38461538461538464)
('see', 0.37362637362637363)
('time', 0.3296703296703297)
('well', 0.28571428571428575)
('good', 0.2527472527472528)
('much', 0.2417582417582418)
** betweenness **
('movie', 0.3402476644234886)
('film', 0.2953840095598338)
('one', 0.1511907425094238)
('story', 0.11283095414963537)
('titanic', 0.022950792932477912)
('williams', 0.021978021978021976)
('jack', 0.021978021978021976)
('like', 0.020412265119224827)
('see', 0.015291657196419105)
('dicaprio', 0.008931398949713967)
** closeness **
('movie', 0.8425925925925926)
('film', 0.8053097345132744)
('one', 0.7398373983739838)
('story', 0.7165354330708661)
('like', 0.610738255033557)
('see', 0.6026490066225165)
('time', 0.5909090909090909)
('well', 0.5723270440251572)
('good', 0.5652173913043478)
('much', 0.5617283950617284)
** eigenvector **
('movie', 0.3083328663590826)
('film', 0.30493056031841065)
('one', 0.2904064421889869)
('story', 0.2825828495138515)
('like', 0.2273282037035634)
('see', 0.22331160627109226)
('time', 0.21260683446461795)
('well', 0.19020605387016623)
```

```
('good', 0.17744614179374488)
('much', 0.1769120491129273)

In [227]: G_neg=nx.Graph()

In [228]: for i in range((len(np.where(df3_neg['freq']>10)[0]))):
    G_neg.add_edge(df3_neg['term1'][i], df3_neg['term2'][i], weight=int(df3_
    neg['freq'][i]))

In [229]: dgr = nx.degree_centrality(G_neg)
btw = nx.betweenness_centrality(G_neg)
cls = nx.closeness_centrality(G_neg)
egv = nx.eigenvector_centrality(G_neg)

In [230]: sorted_dgr = sorted(dgr.items(), key=operator.itemgetter(1),
reverse=True)
sorted_btw = sorted(btw.items(), key=operator.itemgetter(1), reverse=True)
sorted_cls = sorted(cls.items(), key=operator.itemgetter(1), reverse=True)
sorted_egv = sorted(egv.items(), key=operator.itemgetter(1), reverse=True)

In [231]: print("** degree **")
for x in range(10):
    print(sorted_dgr[x])

print("** betweenness **")
for x in range(10):
    print(sorted_btw[x])

print("** closeness **")
for x in range(10):
    print(sorted_cls[x])

print("** eigenvector **")
for x in range(10):
    print(sorted_egv[x])
Out [231]:
** degree **
('movie', 0.8131868131868133)
('like', 0.7362637362637363)
('one', 0.6593406593406594)
('film', 0.6373626373626374)
('even', 0.5164835164835165)
('good', 0.4285714285714286)
```

```
('would', 0.37362637362637363)
('story', 0.3626373626373627)
('much', 0.3076923076923077)
('really', 0.28571428571428575)
** betweenness **
('movie', 0.30830485090586396)
('like', 0.21616648944282554)
('film', 0.15728284389301903)
('one', 0.14797721518590126)
('even', 0.05382769076310365)
('good', 0.02303288989065687)
('story', 0.019256928845411452)
('would', 0.01723670985338729)
('much', 0.00823325266314502)
('kareena', 0.005149150116186802)
** closeness **
('movie', 0.8425925925925926)
('like', 0.7913043478260869)
('one', 0.7459016393442623)
('film', 0.7338709677419355)
('even', 0.674074074074074)
('good', 0.6363636363636364)
('would', 0.6148648648648649)
('story', 0.610738255033557)
('much', 0.5909090909090909)
('really', 0.5833333333333334)
** eigenvector **
('movie', 0.28210644395390705)
('like', 0.2725847252294771)
('one', 0.2648725387508568)
('film', 0.25652125734596687)
('even', 0.243588460730755996)
('good', 0.22489435696640334)
('would', 0.20938175405302456)
('story', 0.20444543939122475)
('much', 0.1860270842953865)
('really', 0.18169388567054875)
```

위의 예제코드 앞부분은 이전 장에서 살펴본 동시출현 단어 빈도를 구하는 예제와 같습니다. In [221] 이후부터가 중심성 계수를 구하는 부분입니다. IMDB 영화 리뷰 데이터 중 긍정리뷰데이터 100개 부정 리뷰데이터 100개로 각각 중심성 계수를 구해서 비교했습니다. 비교적 소수의 데이터로 진행해서 중심성 계수 상위 스코어 단어 간 뚜렷한 차이가 보이지는 않습니다. 하지만 이 책의 독자분들은 해당 코드를 이용하여 본인들의 데이터세트로 실습해본 후 해석까지 해보는 것을 추천합니다.

In [223], In [228]을 살펴보면 'freq' 칼럼의 수치가 10보다 큰 단어들만 중심성 계수를 산출하는 데 사용한 것을 알 수 있습니다. 이는 모든 단어, 즉, 동시출현 빈도가 1인 것부터 계산하게 되면 너무 많은 단어페어가 발생하여 파이썬 계산이 매우 늘어나기 때문입니다. 연구자마다 임계값을 특정하여 해당 임계값 이상의 빈도 혹은 연관도를 지닌 단어페어만을 계산하는 것을 추천합니다.

4.5.5. 연관어 네트워크 시각화

단어 페어 간 연관도와 단어별 중심성 계수를 구했으면 본격적인 시각화를 해야 합니다. 이 책에서는 파이썬 코드로 네트워크 시각화를 하는 예제를 우선적으로 살펴보겠습니다. 하지만 파이썬 코드로 시각화하는 데 다소 한계점이 존재합니다. 예를 들어 코드로 일정한 패턴에 맞는 그래프만 출력해주기 때문에 노드의 레이아웃을 직접 손으로 조정하고 싶은 경우 불가합니다. 따라서 시각화 툴로 세세한 조정을 할 수 있는데 이를 위해 gephi 시각화 툴이 읽어들일 수 있는 포맷으로 변환하는 코드도 이번 장에 넣었습니다. gephi 사용법은 이 책의 범위를 넘어가므로 gephi 공식 웹사이트(https://gephi.org/)의 manual을 참조하면 됩니다.

우선 파이썬 matplotlib 라이브러리로 연관어 네트워크를 시각화해 보겠습니다.

```
ln [232]: import pandas as pd
import glob
from afinn import Afinn
from nltk.corpus import stopwords
from nltk.stem.porter import PorterStemmer
from nltk.tokenize import RegexpTokenizer
```

```
import numpy as np
import matplotlib.pyplot as plt

In [233]: pos_review=(glob.glob("E:\\파이썬으로텍스트 마이닝분석\\데이터\\
aclImdb\\train\\pos\\*.txt"))[0:100]

In [234]: lines_pos=[]
for i in pos_review:
    try:
        f = open(i, 'r')
        temp = f.readlines()[0]
        lines_pos.append(temp)
        f.close()
    except Exception as e:
        continue

In [235]: tokenizer = RegexpTokenizer('[\w]+')

In [236]: stop_words = stopwords.words('english')

In [237]: count = {}    #동시출현 빈도가 저장될 dict
for line in lines_pos:
    words =  line.lower()
    tokens = tokenizer.tokenize(words)
    stopped_tokens = [i for i in list(set(tokens)) if not i in stop_
    words+["br"]]
    stopped_tokens2 = [i for i in stopped_tokens if len(i)>1]
    for i, a in enumerate(stopped_tokens2):
        for b in stopped_tokens2[i+1:]:
            if a>b:
                count[b, a] = count.get((b, a),0) + 1
            else :
                count[a, b] = count.get((a, b),0) + 1

In [238]: df=pd.DataFrame.from_dict(count, orient='index')

In [239]: list1=[]
for i in range(len(df)):
    list1.append([df.index[i][0],df.index[i][1],df[0][i]])

In [240]: df2=pd.DataFrame(list1, columns=["term1","term2","freq"])

In [241]: df3=df2.sort_values(by=['freq'],ascending=False)
```

```
In [242]: df3_pos=df3.reset_index(drop=True)

In [243]: import networkx as nx
import operator

In [244]: G_pos=nx.Graph()

In [245]: for i in range((len(np.where(df3_pos['freq']>10)[0]))):
    G_pos.add_edge(df3_pos['term1'][i], df3_pos['term2'][i], weight=int(df3_
    pos['freq'][i]))

In [246]: dgr = nx.degree_centrality(G_pos)
btw = nx.betweenness_centrality(G_pos)
cls = nx.closeness_centrality(G_pos)
egv = nx.eigenvector_centrality(G_pos)

In [247]: sorted_dgr = sorted(dgr.items(), key=operator.itemgetter(1),
reverse=True)
sorted_btw = sorted(btw.items(), key=operator.itemgetter(1), reverse=True)
sorted_cls = sorted(cls.items(), key=operator.itemgetter(1), reverse=True)
sorted_egv = sorted(egv.items(), key=operator.itemgetter(1), reverse=True)

In [248]: G = nx.Graph()

In [249]: for i in range(len(sorted_cls)):
    G.add_node(sorted_cls[i][0], nodesize=sorted_dgr[i][1])

In [250]: for i in range((len(np.where(df3_pos['freq']>10)[0]))):
    G.add_weighted_edges_from([(df3_pos['term1'][i], df3_pos['term2']
    [i],int(df3_pos['freq'][i]))])

In [251]: sizes = [G.node[node]['nodesize']*500 for node in G]

In [252]: options = {
    'edge_color': '#FFDEA2',
    'width': 1,
    'with_labels': True,
    'font_weight': 'regular',
}

In [253]: nx.draw(G, node_size=sizes, pos=nx.spring_layout(G, k=3.5,
iterations=50), **options)
```

```
ax = plt.gca()
ax.collections[0].set_edgecolor("#555555")
plt.show()
Out[253]:
```

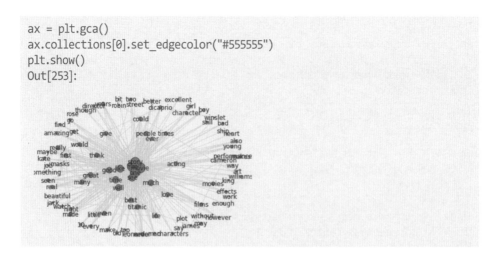

본 예제는 In [251]에서 보듯이 연결중앙성 계수를 활용하여 노드의 크기를 정했습니다. 시각화 결과를 보면 썩 만족스럽지 않습니다. 따라서 시각화 전문 툴을 사용하는 게 더 만족스러운 결과를 도출할 수 있습니다. 이 책에서는 네트워크 분석에서 대표적으로 사용되는 시각화 툴인 gephi에서 분석할 수 있도록 전처리 파이썬 코드를 살펴보겠습니다.

원본 텍스트 데이터를 바로 입력해서 네트워크 시각화가 되면 좋겠지만 아쉽게도 그렇게까지는 가능하지 않습니다. 따라서 원본 텍스트를 파이썬에서 로드하여 단어 페어 간 연관도를 산출한 후 이를 xml 형태로 출력해야 합니다. gephi에서는 출력된 xml 형태를 읽어 들여 시각화를 할 수 있습니다. gephi는 graphml이라는 고유한 확장자를 지닌 xml 형태의 파일을 읽을 수 있습니다. 따라서 이 책에서는 gephi에서 읽을 수 있는 형태의 graphml 파일을 출력하는 코드를 살펴보겠습니다. 그 후에 gephi에서 실제 시각화하는 단계는 코드가 아니라 키보드 입력, 마우스 클릭으로 이루어지는 과정이라 어렵지 않게 구현할 수 있습니다.

한편, 시각화 구현 방법이 워낙 다양하고 주관적이기 때문에 이 책에서는 다루지 않겠습니다. https://gephi.org/users/를 방문해보면 gephi 툴 사용을 위한 튜토리얼이 존재합니다. 내용이 너무 많아 다 숙지하기 어려우면, quick start guide만 보고도 기본적인 시각화를 어느 정도 쉽게 구현해낼 수 있습니다.

그럼 파이썬 예제 코드를 보겠습니다. 역시 IMDB 리뷰데이터를 샘플로 활용하겠습니다.

```
ln [254]: import pandas as pd
import glob
from afinn import Afinn
from nltk.corpus import stopwords
from nltk.stem.porter import PorterStemmer
from nltk.tokenize import RegexpTokenizer
import numpy as np
import matplotlib.pyplot as plt

In [255]: pos_review=(glob.glob("E:\\파이썬으로텍스트 마이닝분석\\데이터\\
aclImdb\\train\\pos\\*.txt"))[0:100]

In [256]: lines_pos=[]
for i in pos_review:
    try:
        f = open(i, 'r')
        temp = f.readlines()[0]
        lines_pos.append(temp)
        f.close()
    except Exception as e:
        continue

In [257]: tokenizer = RegexpTokenizer('[\w]+')

In [258]: stop_words = stopwords.words('english')

In [259]: count = {}    #동시출현 빈도가 저장될 dict
for line in lines_pos:
    words =  line.lower()
    tokens = tokenizer.tokenize(words)
    stopped_tokens = [i for i in list(set(tokens)) if not i in stop_
    words+["br"]]
    stopped_tokens2 = [i for i in stopped_tokens if len(i)>1]
    for i, a in enumerate(stopped_tokens2):
```

```
            for b in stopped_tokens2[i+1:]:
                if a>b:
                    count[b, a] = count.get((b, a),0) + 1
                else :
                    count[a, b] = count.get((a, b),0) + 1

In [260]: df=pd.DataFrame.from_dict(count, orient='index')

In [261]: list1=[]
for i in range(len(df)):
    list1.append([df.index[i][0],df.index[i][1],df[0][i]])

In [262]: df2=pd.DataFrame(list1, columns=["term1","term2","freq"])

In [263]: df3=df2.sort_values(by=['freq'],ascending=False)

In [264]: df3_pos=df3.reset_index(drop=True)

In [265]: class MakeGraphml:

    def make_graphml(self, pair_file, graphml_file):
        out = open(graphml_file, 'w', encoding = 'utf-8')

        entity = []
        e_dict = {}
        count = []
        for i in range(len(pair_file)):
            e1 = pair_file.iloc[i,0]
            e2 = pair_file.iloc[i,1]
            #frq = ((word_dict[e1], word_dict[e2]),  pair.split('\t')[2])
            frq = ((e1, e2), pair_file.iloc[i,2])
            if frq not in count: count.append(frq)    # ((a, b), frq)
            if e1 not in entity: entity.append(e1)
            if e2 not in entity: entity.append(e2)
        print('# terms: %s'% len(entity))


        for i, w in enumerate(entity):
            e_dict[w] = i + 1 # {word: id}

        out.write(
            "<?xml version=\"1.0\" encoding=\"UTF-8\"?><graphml
            xmlns=\"http://graphml.graphdrawing.org/xmlns\"
            xmlns:xsi=\"http://www.w3.org/2001/XMLSchema-instance\"
```

```
        xsi:schemaLocation=\"http://graphml.graphdrawing.org/
        xmlnshttp://graphml.graphdrawing.org/xmlns/1.0/graphml.xsd\">"
        +
        "<key id=\"d1\" for=\"edge\" attr.name=\"weight\" attr.
        type=\"double\"/>" +
        "<key id=\"d0\" for=\"node\" attr.name=\"label\" attr.
        type=\"string\"/>" +
        "<graph id=\"Entity\" edgedefault=\"undirected\">" + "\n")

    # nodes
    for i in entity:
        out.write("<node id=\"" + str(e_dict[i]) +"\">" + "\n")
        out.write("<data key=\"d0\">" + i + "</data>" + "\n")
        out.write("</node>")

    # edges
    for y in range(len(count)):
        out.write("<edge source=\"" + str(e_dict[count[y][0][0]]) + "\"
        target=\"" + str(e_dict[count[y][0][1]]) + "\">" + "\n")
        out.write("<data key=\"d1\">" + str(count[y][1]) + "</data>" +
        "\n")
        out.write("</edge>")

    out.write("</graph> </graphml>")
    print('now you can see %s' % graphml_file)

    out.close()

In [266]: gm = MakeGraphml()

In [267]: graphml_file = '연관어네트워크.graphml'

In [268]: gm.make_graphml(df3_pos.iloc[0:(len(np.where(df3_pos['freq']>10)
[0])),:], graphml_file)
```

In [265]를 보면 클래스 형태로 graphml 파일을 만드는 함수를 정의했습니다. In [267]에서 실제 파일이 만들어질 경로와 파일명을 입력합니다. 예제의 경우 경로를 입력하지 않아 default 경로에 해당 파일이 생성될 것입니다. In [268]을 보면 freq이 10개 초과인 행들만 선정하여 입력하였습니다. 즉, 모든 단어 페어를 다 입력하는 것이 아니라 연관도(동시출현 빈도)가 10보다 큰 행들만 입력한 것입니다. 연관도가 미약한 모든 단어페어들을 입력하면 컴퓨팅 시간도 많이 소요되고 시각화하였을 때 너무 많은 노드, 엣지가 생성되어 한눈에 알아보기도 힘듭니다. graphml 파일이 생성되면 gephi에서 불러들여서 시각화를 진행하면 됩니다.

다음에 gephi로 생성한 네트워크 시각화 예시를 보면 알 수 있듯이 파이썬으로 시각화한 것보다 훨씬 깔끔하고 다채롭습니다. 그리고 코드로 수정하기 어려운 부분이나 임의로 몇 개의 노드, 엣지를 수정, 삭제하고 싶을 때 마우스 클릭으로 쉽게 바꿀 수 있어 사용자 친화적입니다.

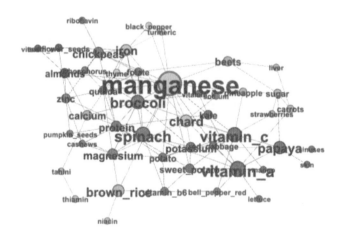

https://noduslabs.com/courses/network-visualization-and-analysis-with-gephi/units/section-3-network-visualization-and-analysis-case-study/page/8/?try

https://blog.ouseful.info/2012/11/09/drug-deal-network-analysis-with-gephi-tutorial/

05 | 텍스트 크롤링

텍스트 마이닝 분석을 하기 위해서는 텍스트 데이터가 필연적으로 필요합니다. 특히 빅데이터 기반 분석을 위해서는 대량의 텍스트가 필요하기 때문에 사람이 일일이 데이터를 수작업으로 만들기는 거의 불가능에 가깝습니다. 다행히 웹상의 다양한 곳에서 우리는 무수히 많은 데이터를 얻을 수 있습니다. 그리고 그중 대부분의 데이터가 텍스트로 이루어져 있기 때문에 웹상의 텍스트들만 잘 가져올 수 있으면 충분히 분석기법을 적용할 수 있습니다.

웹에서의 텍스트는 대형 포털사이트의 블로그, 카페부터 신문기사, 각종 SNS, 리뷰, 댓글들을 모두 포함합니다. 특히 연구자는 주제를 검색어에 입력하면 그에 해당하는 텍스트들을 무수히 많이 볼 수 있기 때문에 데이터는 무궁무진하다고 볼 수 있습니다. 문제는 이렇게 많은 텍스트들을 마우스로 일일이 드래그, 복사, 붙여넣기를 하는 것은 불가능하다는 것입니다.

예를 들어 연구자가 원하는 주제를 키워드로 검색하여 해당 신문기사가 10만 건 나왔다고 합시다. 연구자가 마우스로 드래그, 복사, 붙여넣기를 10만 번 할 수 없는 노릇입니다. 하지만 이렇게 유사한 동작은 10만 번 반복하는 것을 프로그래밍하여 컴퓨터가 동작하게 한다면 한결 수월할 것입니다. 프로그래밍 코드를 동작시킨 후 그동안 연구자가 잠시 쉬고 있으면 사람보다 훨씬 빠른 시간 내에 텍스트들을 가져올 것입니다. 이렇듯 반복적인 텍스트 가져오기 작업을 프로그래밍 코드로 구현하여 컴퓨터가 하도록 하는 작업을 텍스트 크롤링이라고 말합니다. 또한, 이렇게 텍스트를 크롤링하면 데이터베이스에도 저장이 가능합니다. 데이터베이스에 저장할 수 있다면 그 데이터로 할 수 있는 일은 더욱더 무궁무진합니다.

거의 무한한 데이터에 접근할 수 있게 되면서 대단히 실용적인 애플리케이션들이 많이 만들어졌습니다. 뉴스 사이트의 데이터에서 시장 예측 프로그램이 탄생했고 번역된 텍스트들을 바탕으로 기계번역 프로그램이 만들어졌습니다. 심지어 건강 포럼의 데이터는 의학적 분석에 공헌하였습니다.

5.1. Beautifulsoup을 이용한 크롤링

Beautifulsoup은 간단하면서도 가장 많이 쓰이는 크롤링 라이브러리입니다. 예전부터 굉장히 인기 있는 라이브러리이며, 내부적으로 사용되는 파서를 목적에 맞게 변경 가능하다는 것이 장점입니다. 설치는 간단하게 pip 파이썬 패키지 관리자로 설치할 수 있습니다(pip install bs4). 위키피디아에 검색해보면 Beautifulsoup은 HTML 및 XML문서를 구문 분석하기 위한 python 패키지이며 HTML에서 데이터를 추출하는 데 사용할 수 있는 구문 분석 트리를 작성한다고 되어있습니다.

웹페이지는 HTML 언어로 쓰여 있습니다. 즉, HTML은 제목, 단락, 목록 등과 같은 본문을 위한 구조적 의미를 나타냅니다. 그리고 Beautifulsoup을 통해 HTML 구조 각각을 파싱하여 구조 안에 담겨 있는 텍스트를 가져올 수 있습니다. HTML은 꺾쇠괄호로 구분되어 있는 태그와 그 안의 속성으로 구성되어 있습니다. 따라서 Beautifulsoup에서 태그와 속성 정보 입력만 적절히 해주면 해당 텍스트들을 긁어올 수 있습니다.

Beautifulsoup으로 텍스트를 긁어오기 위해서는 우선 해당 웹페이지의 HTML 구조를 알아야 합니다. HTML 구조는 웹브라우저에서 우클릭 후 페이지 소스보기 또는 검사(크롬 기준)를 클릭하면 알 수 있습니다. 페이지 소스보기를 클릭하면 해당 웹페이지의 전체 HTML을 긁어오기 때문에 눈으로 보기 다소 어려울 수 있습니다. 하지만 검사를 클릭하면 마우스 포인터가 있는 그 부분에 대한 HTML 구조가 보여 한층 더 크롤링이 편합니다. 예를 들어 뉴스기사 웹페이지에서 제목 부분만의 HTML 구조를 보고 싶으면 마우스 포인터를 제목에 가져다 둔 후 우클릭-검사를 클릭하면 됩니다.

다음 그림을 보면 미세먼지에 관한 한 포털사이트의 기사가 보입니다. 필자는 제목 부분만을 텍스트로 가져오고 싶어서 제목(소비자 89.4% 미세먼지가 식품 안전에 미치는 영향 크다)에서 우클릭 후 검사를 클릭하였습니다. 그러자 우측에 HTML 구조가 나오며 제목 부분의 HTML 구조는 블록처리가 되어 있습니다. 제목은 태그 h3, id 속성이 "articleTitle", class 속성이 "tts_head"로 구성되어 있음을 알 수 있습니다. 그러면 연구자는 태그와 속성을 key값으로 입력하여 그 안에 쌓여있는 텍스트(소비자 89.4% 미세먼지가 식품 안전에 미치는 영향 크다)를 가져올 수 있습니다.

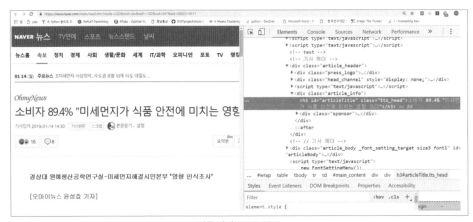

신문 기사 HTML 구조

그럼 우선 간단한 HTML 구조를 가정해보고 거기에서 텍스트를 크롤링해보도록 하겠습니다. "http://www.abc.co.kr"이라는 웹페이지가 존재하고 해당 웹페이지의 HTML 구조가 다음과 같다고 가정해봅시다.

```
<html>
<head>
<title>안녕하세요</title>
</head>
<body>
<h1>반갑습니다</h1>
<div>
테스트입니다.
</div>
</body>
</html>
```

우선 해당 웹페이지의 전체 HTML 소스를 받아와야 하기 때문에 urlopen 함수로 웹
페이지에 접속합니다. 그 후 html parser로 HTML 구조를 읽어온 후 태그 또는 속성
정보로 텍스트에 접근합니다. 예를 들어 h1 태그의 '반갑습니다'를 읽어 오기 위해서
는 아래 코드로 접근합니다.

```
ln [1]: from urllib.request import urlopen
from bs4 import BeautifulSoup

In [2]: html=urlopen("http://www.abc.co.kr")

In [3]: bsObj = BeautifulSoup(html.read(), "html.parser")

In [4]: bsObj.h1
Out [5]:
<h1>반갑습니다</h1>
```

마찬가지로 bsObj. title, bsObj. div로 응용해서 사용할 수도 있습니다.

지금까지는 Beautifulsoup을 이용하여 한 번에 객체 하나씩 선택하는 방법을 알아보
았습니다. 하지만 실전에서 한 번에 하나의 객체만을 가져오는 경우는 흔치 않습니
다. 따라서 속성을 통해 태그를 검색하는 법, 태그 목록을 다루는 법을 더욱 자세히
알아보겠습니다.

웹사이트의 HTML은 태그만으로 구분하는 경우는 드뭅니다. 속성도 함께 포함

하고 HTML 구조를 구성하는 경우가 대다수입니다. 예를 들어 CSS를 사용하여 HTML 요소를 상세하게 구분할 수도 있습니다. 〈span class="red"〉, 〈span class="yellow"〉를 보면 태그는 같지만, 클래스 속성을 다르게 주어 구분하고 있습니다. Beautifulsoup 객체에 findAll 함수를 쓰면 태그, 속성 조건을 만족하는 텍스트들을 검색하여 저장할 수 있습니다. 예를 들어 bsObj.findAll("span",{"class":"yellow"}) 명령어를 입력하면 〈span class="yellow"〉를 만족하는 모든 요소를 다 저장합니다. 예를 들어 아래와 같은 HTML 구조가 있을 때 〈span class="yellow"〉 요소 안의 텍스트들을 가져와 보겠습니다.

```html
<html>
<head>
<title>안녕하세요</title>
</head>
<body>
<h1>반갑습니다</h1>
<div>
테스트입니다.
<span class="yellow">노랑1</span>
<span class="yellow">노랑2</span>
<span class="red">빨강1</span>
<span class="red">빨강2</span>
</div>
</body>
</html>
```

```
ln [6]: from urllib.request import urlopen
from bs4 import BeautifulSoup

In [7]: html=urlopen("http://www.abc.co.kr")

In [8]: bsObj = BeautifulSoup(html.read(), "html.parser")

In [9]: List = bsObj.findAll("span",{"class":"yellow"})

In [10]: for i in List:
    print(i.get_text())
Out [10]:
```

```
노랑1
노랑2
```

findAll 함수로 검색하면 만족 검색 결과들이 리스트 형태로 저장됩니다. 그러면 리스트 내의 해당 인자들을 하나씩 받으면서 .get_text() 메서드를 통해 요소 안의 텍스트만을 가져올 수 있습니다.

위에서 보듯이 findAll은 Beautifulsoup에서 매우 유용하게 사용되고 있어 굉장히 자주 쓰이고 있습니다. find 함수도 있는데 findAll 함수와 거의 같지만 조금의 차이점이 있습니다. findAll 함수는 해당 조건을 만족하는 다수의 요소를 검색하지만, find 함수는 해당 조건을 만족하는 최초의 한 개 요소를 검색합니다.

```
findAll(tag, attributes, recursive, text, limit, keywords)
find(tag, attributes, recursive, text, keywords)
```

위의 예제의 경우는 태그(tag)와 속성(attributes)만으로 검색 필터링한 경우입니다. 실제 실전에서도 태그와 속성만으로 거의 모든 검색 필터링을 만들 수 있습니다. recursive 매개변수는 불리언(참 or 거짓)입니다. 입력하지 않으면 default로 참이 됩니다. 참이면 매개변수에 일치하는 요소를 찾아 자식, 자식의 자식을 검색합니다. 반대로 거짓이면 문서의 최상위 요소만을 찾습니다. 일반적으로 그냥 참으로 놔두는 것이 좋습니다. text 매개변수는 태그의 속성이 아니라 텍스트 콘텐츠에 일치한다는 점이 다릅니다. 예를 들어 예제 페이지의 '노랑1'이라는 텍스트를 바로 검색하고 싶으면 bsObj.findAll(text="노랑1")을 입력하면 됩니다. limit 매개변수는 최초 몇 개의 요소를 가져올지 지정합니다. find 함수는 최초 1개만을 가져오기 때문에 limit 매개변수가 없습니다. findAll 함수는 default로 검색필터에 맞는 전체 요소를 가져오지만, limit에 제한을 줄 수도 있습니다. keyword 매개변수는 특정 속성이 포함된 태그를 선택할 때 사용합니다. 예를 들어 bsObj.findAll(class="yellow")로 바로 class 속성이 노랑인 요소에 접근할 수 있습니다. 이는 bsObj.findAll("",{"class":"yellow"})와 완전히 같습니다.

이전 장에서 정규 표현식을 배운 적이 있습니다. 우리가 배운 정규 표현식을 Beautifulsoup에 적용할 수도 있습니다. 예를 들어 매개변수의 인자가 특정 패턴을 지니고 다양하게 나타날 수 있습니다. 구체적으로 예를 더 들어보면 노랑1, 노랑2, 노랑3, 노랑4…. 이런 식으로 노랑+숫자일 수 있습니다. 이러할 때 정규 표현식으로 해당 패턴을 만들면 바로 접근할 수 있습니다. 다음과 같이 간단하게 코드를 만들어 볼 수 있습니다.

```
bsObj.findAll(text=re.compile("노랑.*"))
```

지금까지는 태그, 속성 등으로 해당 요소를 필터링하여 그 안에 있는 텍스트(콘텐츠)를 긁어 왔습니다. 하지만 크롤링을 하다 보면 그 속성 자체에 관심이 있을 수 있습니다. 특히 태그가 가리키는 URL이 href 속성에 들어있는 〈a〉 태그, 타켓 이미지가 src 속성에 들어있는 〈img〉 태그의 경우 해당 속성에만 관심이 있기 마련입니다. 태그 객체에서 속성 목록에는 다음과 같이 접근할 수 있습니다.

```
myTag.attrs
```

결과는 전형적인 파이썬 딕서너리 객체이므로 이들 속성을 가져오거나 조작하기는 매우 쉽습니다. 예를 들어 이미지 소스 위치는 다음과 같이 찾을 수 있습니다.

```
myTag.attrs['src']
```

지금까지 배운 내용을 토대로도 실전에 꽤 잘 쓰일 수 있습니다. 실전 예제로 네이버 뉴스의 댓글을 크롤링해보도록 하겠습니다.

```
ln [11]: from bs4 import BeautifulSoup
import requests
import re
import sys
import pprint
```

```
In [12]: List=[]

In [13]: url="https://news.naver.com/main/read.nhn?mode=LSD&mid=shm&sid1=1
02&oid=001&aid=0010630211"

In [14]: oid=url.split("oid=")[1].split("&")[0]
aid=url.split("aid=")[1]
page=1
header = {
    "User-agent":"Mozilla/5.0 (Windows NT 10.0; Win64; x64)
    AppleWebKit/537.36 (KHTML, like Gecko) Chrome/65.0.3325.181
    Safari/537.36",
    "referer":url,

}

In [15]: while True:
    c_url="https://apis.naver.com/commentBox/cbox/web_neo_list_jsonp.json?
    ticket=news&templateId=default_society&pool=cbox5&_callback=jQuery17
    07138182064460843_1523512042464&lang=ko&country=&objectId=news"+oid+
    "%2C"+aid+"&categoryId=&pageSize=20&indexSize=10&groupId=&listType=O
    BJECT&pageType=more&page="+str(page)+"&refresh=false&sort=FAVORITE"
# 파싱하는 단계입니다.
    r=requests.get(c_url,headers=header)
    cont=BeautifulSoup(r.content,"html.parser")
    total_comm=str(cont).split('comment":')[1].split(",")[0]

    match=re.findall('"contents":([^\*]*),"userIdNo"', str(cont))
# 댓글을 리스트에 중첩합니다.
    List.append(match)
# 한번에 댓글이 20개씩 보이기 때문에 한 페이지씩 몽땅 댓글을 긁어 옵니다.
    if int(total_comm) <= ((page) * 20):
        break
    else:
        page+=1

In [16]: def flatten(l):
    flatList = []
    for elem in l:
        # if an element of a list is a list
        # iterate over this list and add elements to flatList
        if type(elem) == list:
```

```
            for e in elem:
                flatList.append(e)
        else:
            flatList.append(elem)
    return flatList

In [17]: flatten(List)
Out [17]:
```

※해당 텍스트는 인쇄 오류가 아니며 예제의 내용 유추 방지를 위한
의도적인 모자이크 효과를 준 것입니다.

In [11]에서 라이브러리를 로드한 후 In [12]에서 댓글들을 넣을 빈 리스트를 생성합니다. In [13]에서 네이버 뉴스 기사 URL을 입력합니다. In [14]에서 header 부분은 웹페이지가 보일 웹브라우저를 입력하는 부분입니다. 제가 작성한 header는 window10 desktop pc에서 크롬 브라우저로 보이는 웹페이지를 긁어오라는 뜻입니다. https://developers.whatismybrowser.com/useragents/explore/software_name/를 참조하면 더욱 다양한 버전을 볼 수 있습니다. In [15]부터는 반복문으로 댓글을 긁어오는 부분입니다. c_url 부분은 해당 신문 기사의 댓글을 보여주는 페이지입니다. 댓글 텍스트는 HTML로 파싱 후 정규 표현식으로 찾아냈습니다.

댓글 이외에도 네이버 뉴스 기사 자체를 긁어올 수도 있습니다. 다음 예제는 네이버 뉴스 기사를 가져오는 코드입니다.

```
ln [18]: import requests
from bs4 import BeautifulSoup
import json
import re
import sys
```

```
import time, random

In [19]: def get_news(n_url):
    news_detail = []
    print(n_url)
    breq = requests.get(n_url)
    bsoup = BeautifulSoup(breq.content, 'html.parser')

    # 제목 파싱
    title = bsoup.select('h3#articleTitle')[0].text
    news_detail.append(title)

    # 날짜
    pdate = bsoup.select('.t11')[0].get_text()[:11]
    news_detail.append(pdate)

    # news text
    _text = bsoup.select('#articleBodyContents')[0].get_text().replace('\n',
    " ")
    btext = _text.replace("// flash 오류를 우회하기 위한 함수 추가 function _flash_
    removeCallback() {}", "")
    news_detail.append(btext.strip())

    # 신문사
    pcompany = bsoup.select('#footer address')[0].a.get_text()
    news_detail.append(pcompany)

    return news_detail

In [20]: columns = ['날짜','신문사', '제목','내용']
df = pd.DataFrame(columns=columns)

In [21]:
query = '접경지'    # url 인코딩 에러는 encoding parse.quote(query)

s_date = "2000.01.01"

e_date = "2018.12.10"

s_from = s_date.replace(".","")

e_to = e_date.replace(".","")
```

```
page = 1

In [22]: while True:
    # 시간을 바꿔가며 불규칙적으로 크롤링
    time.sleep(random.sample(range(3), 1)[0])
    print(page)

url = "https://search.naver.com/search.naver?where=news&query=" + query +
"&sort=1&field=1&ds=" + s_date + "&de=" + e_date +\
"&nso=so%3Ar%2Cp%3Afrom" + s_from + "to" + e_to + "%2Ca%3A&start=" +
str(page)

header = {
'User-Agent': 'Mozilla/5.0 (Windows NT 10.0; Win64; x64) AppleWebKit/537.36
(KHTML, like Gecko) Chrome/58.0.3029.110 Safari/537.36'
}

req = requests.get(url,headers=header)
print(url)
cont = req.content
soup = BeautifulSoup(cont, 'html.parser')
if soup.findAll("a",{"class":"_sp_each_url"}) == [] :
    break
for urls in soup.findAll("a",{"class":"_sp_each_url"}):
    try:

if urls.attrs["href"].startswith("https://news.naver.com"):
print(urls.attrs["href"])
news_detail = get_news(urls.attrs["href"])

df=df.append(pd.DataFrame([[news_detail[1], news_detail[3], news_
detail[0], news_detail[2]]],columns=columns))
except Exception as e:
    print(e)
    continue
page += 10
```

In [18]에서 라이브러리들을 로드합니다. 그 후 In [19]에서 뉴스 기사 텍스트를 가져
오는 함수를 미리 짜놓았습니다. 제목, 날짜, 기사 본문, 신문사를 가져오도록 하였
습니다. 해당 예제에서는 findAll 대신에 select 함수를 적용하였습니다. 역시 태그와
속성으로 접근하였습니다. In [21]에서는 검색어 쿼리와 날짜 조건을 입력하였습니

다. In [22]에서는 반복문으로 해당 기사들에 접근하였습니다.

5.2. 셀레니움을 이용한 크롤링

셀레니움은 원래 웹사이트 테스트 목적으로 개발됐지만, 강력한 웹 크롤링 도구로 사용할 수 있습니다. 최근에는 웹사이트가 브라우저에 어떻게 보이는지 정확하게 알 필요가 있을 때도 사용합니다. 셀레니움은 브라우저가 웹사이트를 불러오고, 필요한 데이터를 가져오고 스크린샷을 찍거나 특정 행동이 웹사이트에서 일어난다고 단언 하는 등의 행동을 자동화합니다. 따라서 BeautifulSoup보다는 더 복잡한 구조의 웹 사이트를 크롤링할 수 있습니다. 예를 들어 스크롤을 계속 내려야 새로운 텍스트가 보이는 웹구조, 뒤로 가기/앞으로 가기가 필요한 웹 구조 등은 셀레니움을 통해 손쉽 게 크롤링할 수 있습니다.

셀레니움은 자체적인 웹브라우저가 들어 있지 않으므로 다른 브라우저가 있어야 동 작합니다. 예를 들어 셀레니움을 크롬과 함께 사용하면 말 그대로 크롬이 실행되고 코드에 명시한 동작이 자동으로 수행됩니다. 이렇게 하면 어떤 일이 일어나는지 모 니터를 통해 실시간으로 확인할 수 있습니다. 또는 보이는 것이 싫다면 팬팀JS를 사 용해 백그라운드에서 조용히 실행되도록 할 수도 있습니다. 셀레니움도 pip를 이용 해 간단히 설치할 수 있습니다.

```
pip install selenium
```

셀레니움도 BeautifulSoup에서 findAll을 사용한 것처럼 선택자를 사용할 수 있습니 다. find_elements_by_id, find_elements_by_name, find_elements_by_class_name, find_elements_by_tag_name 등으로 태그 또는 속성을 지닌 요소에 접근할 수 있습 니다. 또는 find_elements_by_xpath를 이용해 요소에 접근도 가능합니다. xpath는

HTML 구조의 고유 경로입니다. 크롬에서는 해당 HTML 구조를 우클릭 후 copy에서 xpath 경로를 복사할 수 있습니다.

셀레니움만의 동적인 웹 크롤링은 너무나 다양한 함수가 존재합니다. 자세한 사항은 https://selenium-python.readthedocs.io/을 참조하시면 됩니다. 해당 내용에서는 키보드로 입력하기, 뒤로 가기, 스크롤 내리기, 클릭하기, 스크린샷 찍기 등 셀레니움의 다양한 동적 기능들을 볼 수 있습니다.

실제 인스타그램 크롤링 코드를 보면서 살펴보겠습니다.

```
ln [23]: from selenium import webdriver
import time
from bs4 import BeautifulSoup
from selenium.webdriver.common.keys import Keys
from selenium.webdriver.common.action_chains import ActionChains
from selenium.webdriver.chrome.options import Options
import pandas as pd

In [24]: driver = webdriver.Chrome('C:/Users/user1/Downloads/chromedriver_
win32/chromedriver.exe')

In [25]: driver.get("https://www.instagram.com/explore/tags/감정노동/?hl=ko")

In [26]: text=[]
image=[]
for i in range(100):
    html = driver.page_source
    soup=BeautifulSoup(html,'html.parser')
    List=soup.find_all("img")
    for j in range(len(List)):
        if (soup.find_all("img")[j]).has_attr('alt') and (soup.find_all("img")
        [j]).has_attr('src'):
            text.append(List[j]['alt'])
            image.append(List[j]['src'])
    driver.execute_script("window.scrollTo(0, document.body.
    scrollHeight);")
    time.sleep(1)
```

```
In [27]: df=(pd.DataFrame(list(zip(text, image)),columns=["텍스트","이미지"]))
df2=(df.drop_duplicates(['텍스트','이미지'], keep='first'))
final=df2

In [28]: final
Out [28]:
```

	텍스트	이미지
0	\n내 인생 두번째 사직서\n \n20...	https://scontent-hkg3-1.cdninstagram.com/vp/ac...
1	'나자신 외엔 아무것도 될 필요 없어요⏰\n-\n:#나는나로살기로했다⏰ #감정노동	https://scontent-hkg3-1.cdninstagram.com/vp/14...
2	⏰(이번 주는 조금 늦었습니다)\n-\n1유로짜리 물 한 병울 사든\n3000유로짜...	https://scontent-hkg3-1.cdninstagram.com/vp/19...
3	"어설프게 착하면 우울증이 와요.할 말은 하고 사세요." @할 말은 하고 살아 \n...	https://scontent-hkg3-1.cdninstagram.com/vp/bb...
4	#emotionallabor #emotional_labor Maybe my fee...	https://scontent-hkg3-1.cdninstagram.com/vp/06...
5	#감정노동 #감정노동사 #자기개발 #그림책테라피 배우고 왔어용~ 어떻게 강의에 적용...	https://scontent-hkg3-1.cdninstagram.com/vp/40...
6	고객응대중엔 진상이 많다죠⏰\n베베꼬인사람도 있겠지요⏰	https://scontent-hkg3-1.cdninstagram.com/vp/02...
7	.\n.\n유지원선생님이 그만두는 이유\n처음엔 실화인가 했는데 실화래요\n...	https://scontent-hkg3-1.cdninstagram.com/vp/b6...
8	#감정노동 #메이크업아티스트 \n어제부터 오늘까지 참 많이 울고 속상한 일이 생겨서...	https://scontent-hkg3-1.cdninstagram.com/vp/1d...
9	오늘도 다양한 사람들울 만났다 ↘ 점심에 무료로 나가는 차⏰를 내갔더니 왜 차를	https://scontent-hkg3-1.cdninstagram.com/vp/43...

In [23]에서 해당 라이브러리들을 로드합니다. In [24]에서 크롬 드라이버 경로를 잡아줍니다. 셀레니움은 실제 웹브라우저를 실행하는 것이기 때문에 크롬과 같은 웹브라우저 드라이버를 다운 후 경로를 잡아주어야 합니다. In [25]에서는 인스타그램에서 검색어를 입력한 URL을 넣어줍니다. In [26]은 반복문에 쌓여있습니다. 인스타그램은 웹스크롤을 내릴 때마다 계속해서 새로운 콘텐츠가 추가적으로 보입니다. 따라서 크롤링을 하려면 웹 스크롤을 계속 내리면서 추가되는 콘텐츠를 긁어와야 합니다. driver.execute_script("window.scrollTo(0, document.body.scrollHeight);")을 통해 스크롤을 내리도록 동작하였습니다. 그 후 time.sleep(1)을 통해 1초간의 딜레이를 주어 스크롤이 내려가고 웹페이지가 새로운 콘텐츠가 보이는 시간을 벌어주었습니다. 한편 BeautifulSoup 라이브러리도 같이 쓴 것을 볼 수 있습니다. 이렇게 두 개의 라이브러리를 함께 혼용해서 사용하면 더 효율적인 크롤링 코드를 짤 수 있습니다.

다음은 flicker의 사진, 태그, 댓글을 크롤링하는 코드를 살펴보겠습니다.

```
ln [29]: from selenium import webdriver
import time
```

```
from bs4 import BeautifulSoup
from selenium.webdriver.common.keys import Keys
from selenium.webdriver.common.action_chains import ActionChains
from selenium.webdriver.chrome.options import Options
import pandas as pd
import time

driver = webdriver.Chrome('C:/Users/user1/Downloads/chromedriver_win32/
chromedriver.exe')
from selenium.webdriver.common.keys import Keys
base_url = 'https://www.flickr.com/'
driver.get(base_url)

In [30]: query="서울 야경"

In [31]: driver.find_element_by_id("search-field").send_keys(query)
driver.find_element_by_id("search-field").send_keys(Keys.ENTER)
time.sleep(3)

In [32]: list_size_pre=0
list_size=0
while True:
    list_size_pre=list_size
      driver.execute_script("window.scrollTo(0, document.body.
scrollHeight);")
    time.sleep(3)
    url_list=driver.find_elements_by_class_name("overlay")
    list_size=len(url_list)
    if list_size == list_size_pre:
        try:
            driver.find_element_by_xpath("//*[contains(text(), '결과 자세히 알아
            보기')]").click()
        except Exception as e:
            break

In [33]: url_list=driver.find_elements_by_class_name("overlay")
url_list2=[]
for i in url_list:
    url_list2.append(i.get_attribute("href"))

In [34]: driver2 = webdriver.Chrome('C:/Users/user1/Downloads/
chromedriver_win32/chromedriver.exe')
```

```
In [35]: image=[]
tag=[]
comments=[]

In [36]: for i in range(len(url_list2)):
    try:
        driver2.get(url_list2[i])
        driver2.execute_script("window.scrollTo(0, document.body.
        scrollHeight);")
        html = driver2.page_source
        soup=BeautifulSoup(html,'html.parser')
        image.append(soup.find_all("img",{"class":"main-photo"})[0]['src'])
        time.sleep(3)
        if driver2.find_elements_by_class_name("tags-list") != []:
            tag.append((driver2.find_element_by_class_name("tags-list").
            text).replace("\n",","))
        else:
            tag.append(" ")
        if driver2.find_elements_by_class_name("comments") != []:
            comments.append((driver2.find_element_by_class_
            name("comments").text).replace("\n",","))
        else:
            comments.append("")
        if i % 10 == 0:
            print(str(i)+"번째 완료")
    except Exception as e:
        print(e)
```

In [29]에서 해당 라이브러리들을 로드합니다. 그 후 flicker 사이트에 접근합니다. In [30]에서 검색어 쿼리를 입력한 후 In [31]에서 검색어 쿼리를 입력합니다. In [32,33]에서 웹스크롤을 계속 내리면서 검색어로 도출된 이미지 리스트들의 URL을 수집합니다. In [34]에서 새로운 웹페이지를 열고 In [36]에서 이미지 리스트들의 URL을 하나씩 접근하면서 그 안의 사진, 태그, 댓글들을 긁어옵니다.

5.3. lxml을 이용한 크롤링

상대적으로 덜 알려졌지만 lxml을 이용하여 HTML에서 데이터를 추출하는 방법도 있습니다. 참고로 Beautifulsoup보다 좀 더 빠른 속도를 보인다고 알려져 있습니다. 해당 라이브러리도 역시 pip install lxml 명령어로 설치할 수 있습니다. 또한, CSS 선택자 사용을 위해 pip install cssselect도 명령어로 설치해줍니다.

5.1.에서 예제로 사용했었던 예시 HTML 파일에서 lxml 라이브러리 사용법을 알아보겠습니다. 아래와 같은 HTML 형태의 웹사이트 "www.abc.co.kr"가 있다고 가정합니다.

```
<html>
<head>
<title>안녕하세요</title>
</head>
<body>
<h1>반갑습니다</h1>
<div>
테스트입니다.
<span class="yellow">노랑1</span>
<span class="yellow">노랑2</span>
<span class="red">빨강1</span>
<span class="red">빨강2</span>
</div>
</body>
</html>
```

```
ln [37]: import lxml.html
from urllib.request import urlopen

In [38]: tree=lxml.html.parse(urlopen("www.abc.co.kr"))

In [39]: html=tree.getroot()

In [40]: html.cssselect("span")[0].tag
Out [40]:
```

```
'span'

In [41]: html.cssselect("span")[0].text
Out [41]:
노랑1

In [42]: html.cssselect("span")[0].attrib
Out [42]:
{'class': 'yellow'}

In [43]: for a in html.cssselect("span"):
    print(a.get('class'),a.text)
Out [43]:
yellow 노랑1
yellow 노랑2
red 빨강1
red 빨강2
```

In [40]을 보면 span 태그를 지닌 첫 번째 요소의 태그를 출력하도록 하였습니다. In [41]을 보면 span 태그를 지닌 첫 번째 요소의 텍스트를 text 속성으로 출력하였습니다. In [42]를 보면 span 태그를 지닌 첫 번째 요소의 속성과 속성값을 attrib 속성으로 출력하였습니다. In [43]을 보면 span 태그를 지닌 모든 요소의 class 속성값을 get() 메서드로 출력하고 텍스트도 출력하도록 하였습니다.

다음은 실제 웹사이트에 크롤링을 해보겠습니다. 코드는 "http://stanford. edu/~mgorkove/cgi-bin/rpython_tutorials/webscraping_with_lxml.php"에서 참조하였습니다. 웹사이트 주소는 "http://sdirwmp.org/contact-us"이며 들어가 보면 다음과 같은 화면을 볼 수 있습니다.

보면 4개의 테이블 형식으로 4명의 인물에 대한 콘택트 정보가 들어 있습니다. 원하는 인물에 우클릭 후 검사를 하면 아래와 같은 화면을 볼 수 있습니다. td 태그의 valign 속성의 속성값이 top으로 되어있는 것을 알 수 있습니다. 이를 활용하여 크롤링해보겠습니다.

```
ln [44]: from lxml import html
import requests

In [45]: link = "http://sdirwmp.org/contact-us"
response = requests.get(link)
sourceCode = response.content
htmlElem = html.document_fromstring(sourceCode)

In [46]: tdElems = htmlElem.cssselect("[valign=top]") #list of all td
elems
for elem in tdElems:
    print(elem.text_content() )
Out [46]:
            San Diego County Water Authority
            Mark Stadler
            IRWM Program Manager
            Principal Water Resources Specialist
            San Diego County Water Authority
            4677 Overland Avenue
            San Diego, CA 92123
            858-522-6735
            mstadler@sdcwa.org


            City of San Diego
            Sarah Brower, Ph.D.
            Senior Water Resources Specialist
            Public Utilities Department
            City of San Diego
            525 B Street
            San Diego, CA 92101
            619-533-5248
            SBrower@sandiego.gov


            County of San Diego
            Stephanie Gaines
            Program Coordinator
            Watershed Protection Program
            Department of Public Works
            County of San Diego
            5150 Overland Avenue
            San Diego, CA 92123
```

```
858-694-3493
Stephanie.Gaines@sdcounty.ca.gov


Grant Administration
Loisa Burton
Grant Administrator
San Diego County Water Authority
Water Resources Department
858-522-6739
LBurton@sdcwa.org
```

In [46]을 보면 valign 속성값이 top인 인자를 모두 받아와서 해당 인자 안의 자식인 자까지의 모든 텍스트를 text_content() 메서드로 출력하였습니다.

06 | 실전: 트위터 메시지 분석

실전: 트위터 메시지 분석

본 장에서는 트위터에서 직접 키워드 검색을 통해 나온 메시지들을 크롤링하여 4장에서 배운 기법들을 적용해볼 예정입니다. 크롤링하는 방법은 온라인 웹사이트의 구성 방식마다 다르고 심지어 같은 사이트라도 그 내부에서 다르게 구성된 경우가 많아 일률적으로 정의하기 어렵습니다.

5장에서 크롤링에 관해서 설명하고 있지만, 더욱 깊이 공부하고 싶으면 크롤링 관련 전문 서적이 시중에 여럿 판매되고 있으니 참조하시기 바랍니다. 참고로 필자는 파이썬으로 웹사이트 크롤링 시 'BeautifulSoup'과 'selenium' 라이브러리를 사용합니다. 본 장에서 다룰 트위터 메시지 크롤링도 역시 위의 두 라이브러리를 활용할 예정입니다.

예제에서는 트위터에서 미국 전직 대통령 'Barack Obama'로 검색하여 나온 메시지들을 분석해보았습니다. 기간은 2018년 12월 1일부터 2일까지 2일간으로 한정해서 추출하였습니다. 'Barack Obama'로 검색한 트위터 메시지들을 추출해서 분석하는 예제를 살펴보겠습니다.

```
ln [1]: from selenium import webdriver
from bs4 import BeautifulSoup
import requests
from selenium.webdriver.common.desired_capabilities import
DesiredCapabilities
import time
from selenium.webdriver.common.keys import Keys
import datetime as dt
import pandas as pd
from gensim.models import CoherenceModel
```

```python
import matplotlib.pyplot as plt
import numpy as np
from gensim.models.word2vec import Word2Vec
from nltk.corpus import stopwords
from nltk.stem.porter import PorterStemmer
from gensim import corpora, models
import gensim
from nltk.tokenize import RegexpTokenizer


ln [2]: driver = webdriver.Chrome('C:/Users/user1/Downloads/chromedriver_
win32/chromedriver.exe')


In [3]: startdate=dt.date(year=2018,month=12,day=1) #시작 날짜
untildate=dt.date(year=2018,month=12,day=2) #시작 날짜 +1
enddate=dt.date(year=2018,month=12,day=2) #끝 날짜


In [4]: query="Barack Obama"
totaltweets=[]
while not enddate==startdate:
    url='https://twitter.com/search?q='+query+'%20
    since%3A'+str(startdate)+'%20until%3A'+str(untildate)+'&amp;amp;amp
    ;amp;amp;lang=eg'
    driver.get(url)
    html = driver.page_source
    soup=BeautifulSoup(html,'html.parser')

    lastHeight = driver.execute_script("return document.body.
    scrollHeight")
    while True:

        dailyfreq={'Date':startdate}

        wordfreq=0
        tweets=soup.find_all("p", {"class": "TweetTextSize"})

        driver.execute_script("window.scrollTo(0, document.body.
        scrollHeight);")
        time.sleep(1)
        newHeight = driver.execute_script("return document.body.
        scrollHeight")

        if newHeight != lastHeight:
            html = driver.page_source
```

```
            soup=BeautifulSoup(html,'html.parser')
            tweets=soup.find_all("p", {"class": "TweetTextSize"})
            wordfreq=len(tweets)
        else:
            dailyfreq['Frequency']=wordfreq
            wordfreq=0
            startdate=untildate
            untildate+=dt.timedelta(days=1)
            dailyfreq={}
            totaltweets.append(tweets)
            break

        lastHeight = newHeight

In [5]: df_obama = pd.DataFrame(columns=['id','message'])

In [6]: number=1
for i in range(len(totaltweets)):
    for j in range(len(totaltweets[i])):
        df_obama = df_obama.append({'id': number,'message':(totaltweets[i]
        [j]).text}, ignore_index=True)
        number = number+1

In [7]: len(df_obama)
Out [7]:
208

In [8]: df_obama.head()
Out [8]:
      id       message
0     1        #OnThisDay #RosaParks stood up for #CivilRight...
1     2        "Estados Unidos ha perdido a un patriota y un ...
2     3        Hey @realDonaldTrump Funny how many many peopl...
3     4        When 1's mind is made up, this diminishes fear...
4     5        Barack Obama, Ex Pdte Democrata, deplora el fa...

In [9]: tokenizer = RegexpTokenizer('[\w]+')

In [10]: stop_words = stopwords.words('english')

In [11]: doc_set_obama=list(df_obama['message'])

In [12]: texts_obama = []
```

```
In [13]: for w in doc_set_obama:
    raw = w.lower()
    tokens = tokenizer.tokenize(raw)
    stopped_tokens = [i for i in tokens if not i in (stop_
    words+["com","https"])]
    stopped_tokens2 = [i for i in stopped_tokens if len(i)>1]
    stopped_tokens3 = [i for i in stopped_tokens2 if i.isdigit() ==
    False]
    texts_obama.append(stopped_tokens3)

In [14]: dictionary = corpora.Dictionary(texts_obama)

In [15]: corpus = [dictionary.doc2bow(text) for text in texts_obama]

In [16]: coherence_values = []
for i in range(2,10):
    ldamodel = gensim.models.ldamodel.LdaModel(corpus, num_topics=i,
    id2word = dictionary)
    coherence_model_lda = CoherenceModel(model=ldamodel, texts=texts_
    obama, dictionary=dictionary,topn=10)
    coherence_lda = coherence_model_lda.get_coherence()
    coherence_values.append(coherence_lda)

In [17]: x = range(2,10)
plt.plot(x, coherence_values)
plt.xlabel("Number of topics")
plt.ylabel("coherence score")
plt.show()
Out [17]:
```

```
In [18]: ldamodel = gensim.models.ldamodel.LdaModel(corpus, num_topics=2,
id2word = dictionary)
```

```
In [19]: ldamodel.print_topics(num_words=10)
Out [19]:
[(0,
  '0.022*"obama" + 0.014*"twitter" + 0.014*"barack" + 0.014*"bush" +
  0.013*"president" + 0.011*"barackobama" + 0.011*"george" + 0.007*"trump"
  + 0.007*"pic" + 0.007*"years"'),
 (1,
  '0.021*"obama" + 0.018*"barack" + 0.017*"twitter" + 0.015*"president" +
  0.015*"bush" + 0.013*"barackobama" + 0.013*"george" + 0.006*"former" +
  0.006*"pic" + 0.006*"old"')]

In [20]: NRC=pd.read_csv('E:\\파이썬으로텍스트 마이닝분석\\데이터\\nrc.txt',engine=
"python",header=None,sep="\t")
NRC=NRC[(NRC != 0).all(1)]
NRC=NRC.reset_index(drop=True)

In [21]: # 중첩 리스트 하나의 리스트로 변환하는 함수
def flatten(l):
    flatList = []
    for elem in l:
        if type(elem) == list:
            for e in elem:
                flatList.append(e)
        else:
            flatList.append(elem)
    return flatList

In [22]: match_words = [x for x in flatten(texts_obama) if x in
list(NRC[0])]

In [23]: emotion=[]
for i in match_words:
    temp=list(NRC.iloc[np.where(NRC[0] == i)[0],1])
    for j in temp:
        emotion.append(j)

In [24]: sentiment_result1=pd.Series(emotion).value_counts()

In [25]: sentiment_result1
Out [25]:
positive      412
trust         280
```

```
negative        172
anticipation    120
joy             109
fear            106
surprise         89
anger            84
sadness          78
disgust          58
dtype: int64
```

```
In [26]: sentiment_result1.plot.bar()
Out [26]:
```

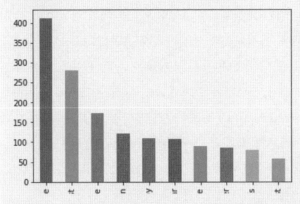

```
In [27]: model = Word2Vec(texts_obama, sg=1, window=5, min_count=2)
```

```
In [28]: model.init_sims(replace=True)
```

```
In [29]: model.wv.most_similar("obama",topn = 10)
Out [29]:
[('bush', 0.9913305044174194),
 ('president', 0.9898302555084229),
 ('us', 0.989446222782135),
 ('barackobama', 0.9881048202514648),
 ('george', 0.9874736070632935),
 ('barack', 0.9874413013458252),
 ('service', 0.9829745292663574),
 ('bill', 0.9824854731559753),
 ('clinton', 0.9822657704353333),
 ('first', 0.9820050001144409)]
```

In [1]에서 관련 라이브러리들을 불러옵니다. In [2]에서 크롬 드라이버를 불러옵니다. 크롤링을 위해서 selenium 라이브러리를 활용했는데 해당 라이브러리는 웹 브라우저를 테스팅하기 위해서 개발된 라이브러리지만 크롤링할 때 매우 유용하게 사용됩니다.

본 예제에서는 크롬 브라우저를 selenium 라이브러리로 동작시킬 것이기 때문에 크롬 드라이버를 불러왔습니다. In [3]에서는 트위터에서 검색할 날짜를 지정해줍니다. In [4]에서는 트위터에서 해당 검색어로 해당 날짜 안에서 검색한 후 나온 트위터 메시지들을 적재합니다. 간단히 살펴보면 while 문으로 해당 날짜 안에서 하루씩 더해가며 반복적으로 트윗 메시지들을 검색합니다. 그리고 url 부분에는 검색어를 포함하여 트위터 주소를 입력해줍니다. 트위터는 자료가 있을 때까지 스크롤을 계속 내리도록 웹페이지가 구성되어 있어 driver.execute_script("window.scrollTo(0, document.body.scrollHeight);") 명령어로 웹페이지 스크롤을 끝까지 내려줍니다. 트위터 메시지는 p 태그의 class 속성이 "TweetTextSize"인 곳에 있으므로 BeautifulSoup의 find_all 함수를 사용하여 텍스트들을 추출하였습니다.

크롤링 기술은 워낙 다양하고 웹페이지 구성마다 그에 맞게 코드를 일일이 짜야 돼서 많은 연습이 필요한 부분입니다. Out [7]에서 보면 해당 날짜로 검색된 트위터 메시지 개수를 볼 수 있고 Out [8]에서 데이터 헤드 부분을 볼 수 있습니다. 그 후 앞 장에서 배운 토픽 모델링, 감성 분석, 연관어 분석을 차례로 실시하였습니다. Out [19]에서는 토픽 모델링 결과를 보여주고 있으며 Out [25]~[26]에서는 EmoLex 감성 사전을 이용한 감성 분석 결과를 보여줍니다. Out [29]에서는 "obama"와 word2vec 분석으로 나온 연관 있는 상위 10개 단어를 보여줍니다.

다음 예제는 'donald trump'를 검색어로 입력하여 추출된 트위터 메시지들을 분석해보겠습니다.

```
ln [30]: from selenium import webdriver
from bs4 import BeautifulSoup
import requests
from selenium.webdriver.common.desired_capabilities import
DesiredCapabilities
import time
from selenium.webdriver.common.keys import Keys
import datetime as dt
import pandas as pd
from gensim.models import CoherenceModel
import matplotlib.pyplot as plt
import numpy as np
from gensim.models.word2vec import Word2Vec
from nltk.tokenize import RegexpTokenizer
from nltk.corpus import stopwords
from gensim import corpora, models
import gensim

In [31]: driver = webdriver.Chrome('C:/Users/user1/Downloads/chromedriver_
win32/chromedriver.exe')

In [32]: startdate=dt.date(year=2018,month=12,day=1) #시작 날짜
untildate=dt.date(year=2018,month=12,day=2) # 시작 날짜 +1
enddate=dt.date(year=2018,month=12,day=2) # 끝 날짜

In [33]: query="Donald Trump"
totaltweets=[]
while not enddate==startdate:
    url='https://twitter.com/search?q='+query+'%20
    since%3A'+str(startdate)+'%20until%3A'+str(untildate)+'&amp;amp;amp
    ;amp;amp;lang=eg'
    driver.get(url)
    html = driver.page_source
    soup=BeautifulSoup(html,'html.parser')

    lastHeight = driver.execute_script("return document.body.
    scrollHeight")
    while True:

        dailyfreq={'Date':startdate}

        wordfreq=0
        tweets=soup.find_all("p", {"class": "TweetTextSize"})
```

```
        driver.execute_script("window.scrollTo(0, document.body.
        scrollHeight);")

        newHeight = driver.execute_script("return document.body.
        scrollHeight")

        if newHeight != lastHeight:
            html = driver.page_source
            soup=BeautifulSoup(html,'html.parser')
            tweets=soup.find_all("p", {"class": "TweetTextSize"})
            wordfreq=len(tweets)
        else:
            dailyfreq['Frequency']=wordfreq
            wordfreq=0
            startdate=untildate
            untildate+=dt.timedelta(days=1)
            dailyfreq={}
            totaltweets.append(tweets)
            break

        lastHeight = newHeight

In [34]: df_trump= pd.DataFrame(columns=['id','message'])

In [35]: number=1
for i in range(len(totaltweets)):
    for j in range(len(totaltweets[i])):
        df_trump = df_trump.append({'id': number,'message':(totaltweets[i]
        [j]).text}, ignore_index=True)
        number = number+1

In [36]: df_trump.head()

In [37]: tokenizer = RegexpTokenizer('[\w]+')

In [38]: stop_words = stopwords.words('english')

In [39]: doc_set_trump=list(df_trump['message'])

In [40]: texts_trump = []

In [41]: for w in doc_set_trump:
```

```
    raw = w.lower()
    tokens = tokenizer.tokenize(raw)
    stopped_tokens = [i for i in tokens if not i in (stop_
    words+["com","https"])]
    stopped_tokens2 = [i for i in stopped_tokens if len(i)>1]
    stopped_tokens3 = [i for i in stopped_tokens2 if i.isdigit() ==
    False]
    texts_trump.append(stopped_tokens3)

In [42]: dictionary = corpora.Dictionary(texts_trump)

In [43]: corpus = [dictionary.doc2bow(text) for text in texts_trump]

In [44]: coherence_values = []
for i in range(2,10):
    ldamodel = gensim.models.ldamodel.LdaModel(corpus, num_topics=i,
    id2word = dictionary)
    coherence_model_lda = CoherenceModel(model=ldamodel, texts=texts_
    trump, dictionary=dictionary,topn=10)
    coherence_lda = coherence_model_lda.get_coherence()
    coherence_values.append(coherence_lda)

In [45]: x = range(2,10)
plt.plot(x, coherence_values)
plt.xlabel("Number of topics")
plt.ylabel("coherence score")
plt.show()
Out [45]:
```

```
In [46]: ldamodel = gensim.models.ldamodel.LdaModel(corpus, num_topics=8,
id2word = dictionary)

In [47]: ldamodel.print_topics(num_words=10)
```

```
Out [47]: [(0,
  '0.031*"trump" + 0.027*"donald" + 0.013*"twitter" + 0.011*"president"
+ 0.009*"bush" + 0.009*"realdonaldtrump" + 0.009*"pic" + 0.008*"g20" +
0.007*"www" + 0.005*"la"'),
 (1,
  '0.017*"realdonaldtrump" + 0.016*"trump" + 0.010*"twitter" + 0.008*"bush"
 + 0.007*"president" + 0.007*"donald" + 0.005*"one" + 0.004*"like" +
0.004*"status" + 0.004*"still"'),
 (2,
  '0.013*"twitter" + 0.011*"realdonaldtrump" + 0.008*"trump" +
0.007*"donald" + 0.007*"el" + 0.006*"pic" + 0.006*"de" + 0.006*"la" +
0.004*"gm" + 0.004*"employees"'),
 (3,
  '0.033*"trump" + 0.025*"twitter" + 0.020*"donald" +
0.017*"realdonaldtrump" + 0.013*"pic" + 0.007*"www" + 0.007*"de" +
0.007*"president" + 0.006*"status" + 0.005*"el"'),
 (4,
  '0.021*"realdonaldtrump" + 0.019*"twitter" + 0.013*"pic" + 0.005*"like" +
0.005*"status" + 0.005*"something" + 0.004*"president" + 0.004*"trump" +
0.004*"qanon" + 0.004*"respect"'),
 (5,
  '0.013*"trump" + 0.013*"realdonaldtrump" + 0.010*"twitter" +
0.008*"president" + 0.007*"donald" + 0.007*"one" + 0.005*"pic" +
0.004*"great" + 0.004*"make" + 0.004*"freedejiadeyanju"'),
 (6,
  '0.032*"twitter" + 0.019*"realdonaldtrump" + 0.016*"pic" + 0.014*"status"
 + 0.005*"would" + 0.005*"donald" + 0.004*"trump" + 0.004*"family" +
0.004*"one" + 0.004*"un"'),
 (7,
  '0.020*"trump" + 0.016*"realdonaldtrump" + 0.016*"donald"
 + 0.011*"twitter" + 0.010*"de" + 0.009*"la" + 0.008*"www" +
0.007*"president" + 0.006*"america" + 0.005*"pic"')]

In [48]: NRC=pd.read_csv('E:\\파이썬으로텍스트 마이닝분석\\데이터\\nrc.txt',engine=
"python",header=None,sep="\t")
NRC=NRC[(NRC != 0).all(1)]
NRC=NRC.reset_index(drop=True)

In [49]: # 중첩 리스트 하나의 리스트로 변환하는 함수
def flatten(l):
    flatList = []
    for elem in l:
        if type(elem) == list:
```

```
            for e in elem:
                flatList.append(e)
        else:
            flatList.append(elem)
    return flatList
```

In [50]: match_words = [x for x in flatten(texts_trump) if x in
list(NRC[0])]

In [51]: emotion=[]
for i in match_words:
    temp=list(NRC.iloc[np.where(NRC[0] == i)[0],1])
    for j in temp:
        emotion.append(j)

In [52]: sentiment_result1=pd.Series(emotion).value_counts()

In [53]: sentiment_result1
Out [53]:
positive   834
trust   601
negative   535
surprise   410
anticipation   327
fear   291
anger   281
joy   269
sadness   245
disgust   187
dtype: int64

In [54]: sentiment_result1.plot.bar()
Out [54]:

```
In [55]: model = Word2Vec(texts_trump, sg=1, window=5, min_count=2)

In [56]: model.init_sims(replace=True)

In [57]: model.wv.most_similar("trump",topn = 10)
Out [57]:
[('www', 0.9996426105499268),
 ('one', 0.9995907545089722),
 ('donald', 0.9995719194412231),
 ('world', 0.9995641708374023),
 ('mueller', 0.9995465278625488),
 ('realdonaldtrump', 0.9995402097702026),
 ('country', 0.999535083770752),
 ('america', 0.9995177388191223),
 ('like', 0.9995055198669434),
 ('get', 0.9994845390319824)]
```

위의 오바마 전 대통령과 분석한 코드는 같습니다. 분석 결과를 살펴보면 두 대통령을 분석한 결과 모두 'bush'라는 키워드가 있는데 전날 부시 전 대통령이 서거해서 조문하러 갔기 때문으로 추정됩니다. 트럼프 분석결과와 관련해서는 'mueller', 'america'와 같은 단어들이 눈에 띄었습니다. 이는 뮐러(Mueller) 특별검사에 의한 '러시아 게이트' 수사와 관련한 일로 추정됩니다. 트럼프 분석결과에서는 'www', 'one'과 같은 해석에 불필요한 불용어들이 다수 포함되어 있는 것을 알 수 있습니다. nltk 패키지에서 제공하는 불용어 리스트를 사용했는데도 이러한 불용어들이 걸러지지 않았으므로 연구자가 분석 시 이러한 단어들은 추가적으로 불용어로 더해줄 필요가 있습니다.

07 | 실전: 소셜커머스 후기 분석

이전 장에서 트위터의 데이터로 영문 텍스트를 분석했다면 이번 장에서는 한글 텍스트를 기반으로 분석해보겠습니다. 특히 사용자 후기가 강력한 영향력을 미치는 소셜커머스를 대상으로 분석하겠습니다. 소셜 커머스(Social commerce)는 소셜 미디어와 온라인 미디어를 활용하는 전자상거래의 일종입니다. 제품정보 등에 대한 사용자의 평가나 공유 목록 같은 온라인 협업 쇼핑 도구의 집합이라고 볼 수 있습니다 (https://ko.wikipedia.org/wiki/소셜_커머스). 국내에서는 티켓몬스터, 쿠팡, 위메프가 가장 대표적이며 이 책에서는 티켓몬스터 후기를 수집해서 분석해보겠습니다.

다음 그림을 살펴보면 티켓몬스터 안에 많은 종류의 상품이 각 카테고리로 분류되어 있음을 알 수 있습니다. 빅데이터 분석이라고 해서 티켓몬스터 안의 모든 종류의 상품 후기를 수집하는 것은 좋은 접근법이 아닙니다. 연구 또는 분석의 대상을 특정하고 그 안에서 데이터를 수집, 분석하는 접근법이 결과 도출 및 해석에 유리합니다.

티켓몬스터 웹페이지

이 책에서는 뷔페 카테고리의 서울 강남지역 상품들 후기를 수집하여 분석해보겠습니다. 티켓몬스터 웹사이트에서 지역, 컬처, E쿠폰→지역, 컬처→맛집, 뷔페, 카페→뷔페, 카테고리 배너로 차례대로 들어가고 지역은 서울 강남으로 한정 지어줍니다. 그리고 그 상태의 웹 url을 복사하여줍니다. 그러면 다음과 같은 url을 가져올 수 있습니다. 'http://www.ticketmonster.co.kr/deallist/18150002#locCatNo=654&locCatMulti=' 해당 url은 파이썬 코드에 쓰여야 하므로 복사하여 간직하고 있어야 합니다.

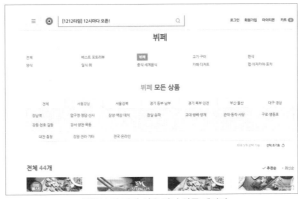
티켓몬스터 뷔페-서울 강남 상품 페이지

원하는 상품 아무거나 하나 클릭해서 상품 리뷰 탭에 들어가 보면 해당 상품에 대한 전체 리뷰 개수가 나오고 각 페이지마다 리뷰가 20개씩 있음을 알 수 있습니다. 이러한 사전조사는 크롤링 코드 작성 시 코드에 모두 반영해야 하므로 미리 사전조사가 필요합니다.

예를 들어서 조건문으로 상품 전체 리뷰 개수가 1개 이상인 상품만 크롤링 동작을 하도록 해야 합니다. 또한, 20개 후기를 크롤링한 후에는 다음 페이지 버튼을 클릭 후 다시 20개 후기를 크롤링하도록 코드를 작성해야 합니다. 마지막 페이지까지 가면 해당 상품 페이지가 뜬 웹브라우저를 닫고 다른 상품 페이지로 이동해야 합니다. 이와 같은 로직을 적용해서 티켓 몬스터 뷔페, 서울 강남에 해당하는 모든 상품의 후기, 작성 날짜, 평점(0~5점)을 수집해보겠습니다.

```
ln [1]: from selenium import webdriver
import time
from bs4 import BeautifulSoup
from selenium.webdriver.common.keys import Keys
from selenium.webdriver.common.action_chains import ActionChains
from selenium.webdriver.chrome.options import Options
import pandas as pd
import time

driver = webdriver.Chrome('C:/Users/user1/Downloads/chromedriver_win32/
chromedriver.exe') # 크롬 드라이버 다운로드 후 본인 경로로 줍니다.
from selenium.webdriver.common.keys import Keys
base_url = 'http://www.ticketmonster.co.kr/deallist/18150002#locCatNo=654&
locCatMulti='
driver.get(base_url)

In [2]: driver.execute_script("window.scrollTo(0, document.body.
scrollHeight);")

In [3]: item_number=(driver.find_elements_by_class_name("item"))

In [4]: review=[]
date=[]
score=[]
for i in range(0,len(item_number)):
    driver.find_elements_by_class_name("item")[i].click()
    time.sleep(1.5)
    driver.switch_to.window(driver.window_handles[1])
    driver.execute_script("window.scrollTo(0, document.body.
    scrollHeight);")
    time.sleep(1.5)
    driver.find_element_by_xpath("//*[@data-tab-id='review']").click()
    time.sleep(1.5)
    if driver.find_elements_by_class_name("review_tit")[1].find_element_by_
    class_name("count").text =='총 0개':
        driver.close()
        driver.switch_to.window(driver.window_handles[0])
    else :
        review_number=len(driver.find_elements_by_class_name("review_
        txt"))
        if review_number == 20:
            while review_number == 20:
                review_number=len(driver.find_elements_by_class_
```

```
                name("review_txt"))
            for j in range(review_number):
                review.append(driver.find_elements_by_class_
                name("review_txt")[j].text)
                date.append(driver.find_element_by_id("_reviewList").
                find_elements_by_class_name("date")[j].text)
                score.append(int(driver.find_elements_by_xpath('//i[@
                class="star"]')[j+1].get_attribute("style").split(" ")
                [1].split("%")[0])/20)
            driver.execute_script("window.scrollTo(0, document.body.
            scrollHeight);")
            time.sleep(1.5)
            element = driver.find_elements_by_class_name('next_page')
            [0]
            driver.execute_script("arguments[0].click();", element)
            time.sleep(1.5)
            review_number=len(driver.find_elements_by_class_
            name("review_txt"))
    else :
        for j in range(review_number):
            review.append(driver.find_elements_by_class_name("review_
            txt")[j].text)
            date.append(driver.find_element_by_id("_reviewList").find_
            elements_by_class_name("date")[j].text)
            score.append(int(driver.find_elements_by_xpath('//i[@
            class="star"]')[j+1].get_attribute("style").split(" ")[1].
            split("%")[0])/20)
    driver.close()
    driver.switch_to.window(driver.window_handles[0])
```

In [5]: pd.DataFrame(list(zip(review,date,score))).to_excel("E:\\개인분석\\티몬_뷔페\\서울강남.xlsx",sheet_name="sheet1")

In [6]: pd.DataFrame(list(zip(review,date,score))).head()
Out [6]:
```
     0                                              1             2
0    가족 모임이었는데 주말 점심에 잘 먹고 왔어요            2019-03-04 작성    5.0
1    메뉴도 다양하고 친절했어요 해산물의 신선도는 좀 떨어지지만   2019-03-04 작성    3.0
2    저렴하게 잘 먹었어요   2019-03-03 작성   4.0
3    그 가격 수준만큼      2019-03-02 작성   3.0
4    고기 굽는 장소의 환풍시설이 고장 나 연기가 가득 차 곤욕이었네요   2019-03-01 작성
     2.0
```

티켓몬스터 후기 크롤링 코드를 살펴보겠습니다. In [1]에서는 크롤링에 필요한 라이브러리들을 불러온 후 이전에 뷔페 카테고리 서울 강남 페이지의 url 부분으로 이동합니다. In [2]에서 웹페이지의 스크롤을 맨 아래까지 내립니다. 스크롤을 내린 이유는 웹페이지상에 스크롤을 내려야 해당 html 구조에 접근 가능한 부분이 생기는 경우도 있기 때문입니다. In [3]에서 해당 카테고리에 해당하는 전체 상품의 개수를 불러옵니다. 이는 해당 상품의 개수만큼 반복하게 하기 위함입니다. In [4]에서 본격적으로 반복문으로 후기를 수집합니다.

for i in range(0,len(item_number)): 부분부터 차례대로 살펴보겠습니다. 우선 i 번째 상품을 클릭한 후 1.5초 정도 쉬어줍니다. 이렇게 중간에 쉬는 시간을 주는 이유는 클릭 후 웹페이지가 바뀌는 데까지 기다려주기 위함입니다. 클릭하면 새 창에서 상품 상세정보가 뜨기 때문에 셀레니엄 드라이버를 새 창으로 이동해줍니다. 그 후 역시 맨 아래로 스크롤을 내려준 후 상품리뷰 탭을 클릭하여 줍니다. 만약에 리뷰 개수가 0개이면 크롤링하지 않고 윈도우창을 그대로 닫아버립니다. 하지만 0개가 아닌 경우에는 크롤링을 하는데 역시 한 페이지당 20개씩 후기가 존재하므로 20개가 크롤링 후에는 driver.find_elements_by_class_name('next_page')[0]을 통해 다음 페이지로 이동해줍니다. 크롤링 대상은 후기, 날짜, 평점입니다. 각각 review.append(driver.find_elements_by_class_name("review_txt")[j].text), date.append(driver.find_element_by_id("_reviewList").find_elements_by_class_name("date")[j].text), score.append(int(driver.find_elements_by_xpath('//i[@class="star"]')[j+1].get_attribute("style").split(" ")[1].split("%")[0])/20)과 같은 코드로 추출하여 적재하였습니다.

마지막 평점 부분이 조금 특이한데 티켓몬스터에서는 평점을 글자로 표현하지 않고 5개 별 중 색칠된 부분으로 표현합니다. 따라서 style 속성의 속성값이 20%(1점), 100%(5점) 이런 식으로 존재하는데 이를 만약 20%이면 나누기 20을 해서 1점으로 바꾸어준 것입니다. In [5] 부분에서 적재된 리스트를 데이터프레임으로 변환 후 엑

셀로 저장해줍니다. Out [6]은 크롤링 결과 일부를 보여준 화면입니다.

이제 후기 데이터는 수집이 이 데이터를 이용해 이전 장들에서 배운 텍스트 마이닝 기법을 적용해보겠습니다. 그 전에 우선 대상을 어떻게 바라보고 분석할지 정하겠습니다. 필자는 평점을 기준으로 상위평점과 하위평점을 나누고 각각의 그룹에 대해서 분석을 따로 적용해보았습니다. 이를 통해 만족 고객들과 불만족 고객들의 생각을 대조, 비교해보려 합니다. 분석 결과를 통해 만족 고객들의 의견은 더욱 계승, 발전시키고 불만족 고객들의 의견을 반영하면 실제 뷔페 집 사장님들의 매출 향상에도 도움이 될 것입니다. 상위평점, 하위평점 후기들에 대해서는 단어빈도 분석, 단어구름, 토픽 모델링, 연관어 분석을 적용해보겠습니다.

```
In [7]: import pandas as pd
from collections import Counter
from konlpy.tag import Kkma
from wordcloud import WordCloud
%matplotlib inline
import matplotlib.pyplot as plt

In [8]: # 형태소 분석기 실행
kkma = Kkma()

In [9]: Data=pd.read_excel("E:\\파이썬으로텍스트 마이닝분석\\데이터\\서울강남.xlsx")

In [10]: Data.columns=['reveiw','date','score']

In [11]: Data.head()
Out [11]:
      reveiw  date     score
0      가족 모임이었는데 주말 점심에 잘 먹고 왔어요      2019-03-04 작성  5.0
1      메뉴도 다양하고 친절했어요 해산물의 신선도는 좀 떨어지지만   2019-03-04 작성  3.0
2      저렴하게 잘 먹었어요 2019-03-03 작성  4.0
3      그 가격 수준만큼   2019-03-02 작성  3.0
4      고기 굽는 장소의 환풍시설이 고장 나 연기가 가득 차 곤욕이었네요   2019-03-01 작성
       2.0

In [12]: Data_high_score=Data.loc[Data['score']>4]
```

```
In [13]: Data_low_score=Data.loc[Data['score']<2]

In [14]: Data_high_score=Data_high_score.reset_index(drop=True)
Data_low_score=Data_low_score.reset_index(drop=True)

In [15]: Data_high_score.head()
Out [15]:
reveiwdate     score
0        가족 모임이었는데 주말 점심에 잘 먹고 왔어요         2019-03-04 작성   5.0
1        언제나 만족스럽습니다!!        2019-02-26 작성   5.0
2        아주 저렴하게 맛있게 잘 먹었어요 위메프보다 저렴하고 기간도 길어서 역시 티몬이다...
         2019-02-25 작성 5.0
3        역시 맛있습니당 4번째 방문인데 올 때마다 만족!!!   2019-02-27 작성   5.0
4        깔끔한 데다가 분위기 좋고 음식도 매우 맛있었습니다. 다음에도 자주 이용하고 싶네요 2018-
         12-09 작성         5.0

In [16]: Data_low_score.head()
Out [16]:
reveiwdate     score
0        솔직히 호텔뷔페라 기대를 많이 해서인지... 정말 최악의 호텔뷔페 음식 퀄리티에요...   2019-
         03-01 작성         1.0
1        ㅋㅋㅋ 먹을 건 없고 좁고 실망ㅜㅜ 딴 데 갈 것을       2018-02-01 작성   1.0
2        가격대비 음식 종류도 퀄리티도 별로, 블로그에 깜박 속았네요. 절대 이 가격 받으면 안 되는
         곳       2018-01-20 작성   1.0
3        여기에 48개월 무료라고 해놓고, 막상 가니  36개월 무료라고 하네요. 빨리 정정하세요.
         2018-01-07 작성 1.0
4        여기에는  48개월 이하 무료라고 적혀있는데 막상 가니 36개월이라 하네요. 싸우기 싫어서...
         2018-01-07 작성 1.0

In [17]: high_score_reviews = []
for i in range(len(Data_high_score)):
    try:
        high_score_reviews.append(kkma.nouns(Data_high_score["reveiw"]
        [i]))
    except Exception as e:
        continue

In [18]: low_score_reviews = []
for i in range(len(Data_low_score)):
    try:
        low_score_reviews.append(kkma.nouns(Data_low_score["reveiw"][i]))
    except Exception as e:
```

```
        continue

In [19]: # 중첩 리스트 하나의 리스트로 변환하는 함수
def flatten(l):
    flatList = []
    for elem in l:
        if type(elem) == list:
            for e in elem:
                flatList.append(e)
        else:
            flatList.append(elem)
    return flatList

In [20]: high_score_reviews=flatten(high_score_reviews)
low_score_reviews=flatten(low_score_reviews)

In [21]: high_score_reviews=[x for x in high_score_reviews if len(x)>1]
low_score_reviews=[x for x in low_score_reviews if len(x)>1]

In [22]: high_score_reviews=[x for x in high_score_reviews if not
x.isdigit()]
low_score_reviews=[x for x in low_score_reviews if not x.isdigit()]

In [23]: pd.Series(high_score_reviews).value_counts().head(20)
Out [23]:
음식      462
주문      242
가격      239
시간      176
만족      165
이용      156
배송      121
감사      113
종류      105
포장       97
대비       96
덕분       95
친절       94
가격대비     92
생각       89
행사       85
구매       84
최고       83
```

```
파티        83
샐러드      76
dtype: int64

In [24]: pd.Series(low_score_reviews).value_counts().head(20)
Out [24]:
음식       121
초밥        45
실망        33
최악        31
다음        30
종류        29
손님        26
가족        24
처음        23
완전        22
뷔페        22
만족        21
모임        21
가지        20
가격        20
양도        19
직원        19
후기        19
냄새        18
도착        18
dtype: int64

In [25]: def __array__(self):
    """Convert to numpy array.
    Returns
    -------
    image : nd-array size (width, height, 3)
        Word cloud image as numpy matrix.
    """
    return self.to_array()

def to_array(self):
    """Convert to numpy array.
    Returns
    -------
    image : nd-array size (width, height, 3)
        Word cloud image as numpy matrix.
```

```
    """
    return np.array(self.to_image())

In [26]: font_path = 'C:\\Users\\user1\\Desktop\\NanumBarunGothic.ttf'

In [27]: wordcloud = WordCloud(
    font_path = font_path,
    width = 800,
    height = 800,
    background_color="Black",colormap="Oranges"
)

In [28]: wordcloud = wordcloud.generate_from_frequencies(Counter(high_
score_reviews))
array = wordcloud.to_array()

In [29]: fig = plt.figure(figsize=(10, 10))
plt.imshow(array, interpolation="bilinear")
plt.show()
Out [29]:
```

```
In [30]: wordcloud = WordCloud(
    font_path = font_path,
    width = 800,
    height = 800,
    background_color="Black",colormap="hot_r"
)

In [31]: wordcloud = wordcloud.generate_from_frequencies(Counter(low_
score_reviews))

In [32]: array = wordcloud.to_array()
```

```
In [33]: fig = plt.figure(figsize=(10, 10))
plt.imshow(array, interpolation="bilinear")
plt.show()
Out [33]:
```

단어빈도 분석 및 단어구름 예제 코드부터 살펴보겠습니다.

In [7]에서 관련 라이브러리들을 받아오고 In [8]에서 꼬꼬마 형태소 분석기 메서드를 실행합니다. 그 후 이전에 크롤링한 데이터를 로드한 후 In [12], In [13]에서 평점 5, 1점인 데이터들만 따로 분류하여 지정합니다. In [17], In [18]에서 각각 상위평점, 하위평점 후기들 중 명사 단어만을 추출합니다. In [21]에서 한 글자 단어들을 삭제하고 In [22]에서 숫자들을 삭제합니다. Out [23]과 Out [24]는 각각 상위평점, 하위평점 데이터들의 빈출 단어들을 나타내고 있습니다.

또한, 이전 장에서 배운 라이브러리를 활용하여 단어구름을 나타내었습니다. Out [29]와 Out [33]에서 각각 긍정후기, 부정후기에 대한 단어구름을 나타내었습니다. 상위평점 후기들은 '배송', '감사', '친절'과 같은 단어들이 눈에 띄었으며 하위평점 후기들은 '실망', '직원', '냄새', '도착'과 같은 단어들이 눈에 띄었습니다. 이렇게 단어만을 보고서는 정확히 어떤 의미인지 정확히 모를 수가 있습니다. 하위평점 후기 단어들 중 '냄새'라는 키워드에 대해 더 궁금하면 '냄새' 단어를 포함한 문장들도 추출해서 살펴볼 수 있습니다.

```
In [34]: [x for x in Data_low_score['reveiw'] if "냄새" in x]
Out [34]:
```
['오늘 갔는데 정말 최악임 점심시간에 갔는데 우리 포함 두 팀 이걸 먹으라고 하는 건지 정말 먹을 게 없어서 김치랑 밥만 먹고 나옴 밥은 냄새 나고 볶음밥은 삭아서 먹지도 못하고 튀김은 얼마나 재탕을 했나 딱딱해서 못 먹음. 태어나서 김밥 튀겨놓는 뷔페 처음 가봄 가실 분들은 참고해서 가시길^^',
 '어제 팔다 남은 음식 다시 내놓은 느낌... 주말 점심이었는데 음식 위에 랩이 씌워져 있고 음식도 없고 양도 애매하게 있고 다 식었고 총체적 난국. 돈이 아까움. 날치알롤은 상한 건지 냄새가 엄청 나던데... 음식 상태도 안 좋음ㅜㅜ',
 '실로 오랜만에 찾은 여의도 동해도스시. 월요일 저녁 큰 기대감으로 찾은 동해도는 실망감을 주었는데, 초밥을 입안에 넣는 순간 바로 느꼈다. 이걸 돈 주고 사 먹으라는 건지, 안 좋게 올라온 후기들도 내심 아니겠지, 하곤 갔었는데 말라 비틀어진 생선은 냄새도 조금 나는 것도 있었고 밥은 돌덩이. 그나마 별도 주문한 초밥은 그런대로 먹어줄 만했지만 다신 갈 일 없으리라.',
 '맛 없어요 —— 롤은 겁나 짜고 갈비찜은 겁나 싱겁고. 장어구이? 웬 처음 보는 생선인데 냄새조차 비림. 깔끔하게 오긴 함',

다음은 토픽 모델링을 진행해보겠습니다.

```
In [35]: from gensim import corpora, models
import gensim

In [36]: high_score_reviews = []
for i in range(len(Data_high_score)):
    try:
        high_score_reviews.append(kkma.nouns(Data_high_score["reveiw"]
        [i]))
    except Exception as e:
        continue

In [37]: high_score_reviews=[[y for y in x if not len(y)==1] for x in
high_score_reviews]

In [38]: dictionary = corpora.Dictionary(high_score_reviews)

In [39]: corpus = [dictionary.doc2bow(text) for text in high_score_
reviews]

In [40]: ldamodel = gensim.models.ldamodel.LdaModel(corpus, num_topics=5,
id2word = dictionary)

In [41]: ldamodel.print_topics(num_words=10)
Out [41]:
```

```
[(0,
  '0.042*"음식" + 0.013*"친절" + 0.013*"주문" + 0.013*"가격" + 0.013*"종류" +
0.011*"시간" + 0.010*"20" + 0.010*"후기" + 0.009*"만족" + 0.009*"대비"'),
 (1,
  '0.022*"음식" + 0.018*"주문" + 0.011*"구매" + 0.010*"짬뽕" + 0.009*"오리" +
0.009*"깐풍기" + 0.009*"전반적" + 0.009*"훈제" + 0.009*"오리훈제" + 0.009*"아
이"'),
 (2,
  '0.036*"음식" + 0.023*"시간" + 0.023*"주문" + 0.018*"감사" + 0.013*"배송" +
0.012*"만족" + 0.012*"이용" + 0.011*"가격" + 0.010*"최고" + 0.009*"메뉴"'),
 (3,
  '0.016*"가격" + 0.015*"만족" + 0.014*"음식" + 0.014*"덕분" + 0.013*"파티" +
0.012*"이번" + 0.012*"감사" + 0.012*"대만족" + 0.011*"주문" + 0.011*"가족"'),
 (4,
  '0.026*"가격" + 0.016*"음식" + 0.014*"가격대비" + 0.014*"포장" + 0.014*"이용" +
0.014*"대비" + 0.010*"새우" + 0.009*"만족" + 0.008*"시간" + 0.008*"행사"')]

In [42]: low_score_reviews = []
for i in range(len(Data_low_score)):
    try:
        low_score_reviews.append(kkma.nouns(Data_low_score["reveiw"][i]))
    except Exception as e:
        continue

In [43]: low_score_reviews=[[y for y in x if not len(y)==1] for x in low_
score_reviews]

In [44]: dictionary = corpora.Dictionary(low_score_reviews)

In [45]: corpus = [dictionary.doc2bow(text) for text in low_score_
reviews]

In [46]: ldamodel = gensim.models.ldamodel.LdaModel(corpus, num_topics=5,
id2word = dictionary)

In [47]: ldamodel.print_topics(num_words=10)
Out [47]:
[(0,
  '0.020*"음식" + 0.011*"느낌" + 0.011*"시간" + 0.009*"방문" + 0.009*"초밥" +
0.008*"실망" + 0.008*"가짓수" + 0.008*"의사" + 0.008*"알짜" + 0.008*"알짜배
기"'),
 (1,
  '0.042*"음식" + 0.011*"만족" + 0.010*"초밥" + 0.010*"최악" + 0.009*"예전" +
```

```
      0.009*"손님" + 0.008*"사람" + 0.007*"가격" + 0.006*"별루" + 0.006*"동네"'),
     (2,
      '0.032*"음식" + 0.016*"종류" + 0.015*"다양" + 0.015*"애용" + 0.014*"듯요" +
      0.014*"자주" + 0.013*"후기" + 0.013*"초밥" + 0.013*"구매" + 0.011*"다음"'),
     (3,
      '0.015*"뷔페" + 0.014*"최악" + 0.014*"실망" + 0.012*"만족" + 0.008*"부분" +
      0.007*"초밥" + 0.007*"완전" + 0.006*"정도" + 0.006*"마세" + 0.006*"가지"'),
     (4,
      '0.033*"음식" + 0.013*"가족" + 0.012*"모임" + 0.012*"양도" + 0.012*"갈비" +
      0.012*"도착" + 0.012*"문하" + 0.012*"데코" + 0.012*"가족모임" + 0.012*"박스"')]
```

In [37], In [43]을 보면 1글자 단어들을 삭제하는 코드인데 이 중 list comprehension
이 들어가 있습니다. 긍정후기, 부정후기 모두 각각 5개 토픽으로 토픽당 10개의 단
어들을 출력하였습니다. 토픽 모델링 결과를 얼핏 보면 해석하기 난해할 수도 있습
니다. 따라서 다양한 토픽 개수로 실험해보고 토픽당 출력단어들도 더 늘리면서 해
석을 시도해야 합니다. 또한, 각 문서별(후기별) 할당되는 토픽들을 살펴보면서 토픽
에 대한 해석을 시도할 수도 있습니다.

```
In [48]: ldamodel.get_document_topics(corpus)[0]
Out [48]:
[(2, 0.95713854)]

In [49]: Data_low_score["reveiw"][0]
Out [49]:
'솔직히 호텔뷔페라 기대를 많이 해서인지... 정말 최악의 호텔뷔페 음식 퀄리티에요. 고기는 짜고, 회도
별로, 디저트는 극도로 달고 심지어 물컵에도 비린내가 나며 음식 종류도 너무 없고 맛있게 먹은 게 없는
데 배만 불러서 화가 나고 황당한 기분 후기 안 좋아도 맛있다는 후기도 있어서 그래도 호텔뷔페니까 믿
고 기본은 하겠거니 하는 맘에 갔는데 돈이 너무 아깝습니다. 이 돈으로 다른 뷔페가세요.'
```

In [48]을 보면 첫 번째 부정 후기가 토픽 2번을 95% 정도 설명한다고 나왔습니다.
따라서 Out [49]로 첫 번째 부정 후기에 대해서 읽으면 토픽 2번에 대한 해석에 도움
이 될 것입니다.

다음으로 연관어 분석을 해보겠습니다. 본 예제에서는 워드투벡을 이용하여 연관어
를 추출하겠습니다.

```
In [50]: from gensim.models.word2vec import Word2Vec

In [51]: model = Word2Vec(high_score_reviews, sg=1, window=10,min_
count=1)

In [52]: model.init_sims(replace=True)
In [53]: model.wv.most_similar("음식",topn =10)
Out [53]:
[('만족', 0.9530866742134094),
 ('부페', 0.9500600695610046),
 ('음식맛', 0.949618399143219),
 ('일반', 0.9397068619728088),
 ('가지', 0.9389803409576416),
 ('구입', 0.9358665943145752),
 ('직원', 0.928884744644165),
 ('추천', 0.9270588159561157),
 ('음식부분', 0.9238355755805969),
 ('적당', 0.9233481287956238)]

In [54]: model = Word2Vec(low_score_reviews, sg=1, window=10, min_
count=1)

In [55]: model.init_sims(replace=True)

In [56]: model.wv.most_similar("음식",topn =10)
Out [56]:
[('손님', 0.9990293979644775),
 ('초밥', 0.998873233795166),
 ('직원', 0.9987790584564209),
 ('디저트', 0.998753547668457),
 ('사람', 0.9986286759376526),
 ('주문', 0.9985396862030029),
 ('비린내', 0.9985287189483643),
 ('접시', 0.9985015392303467),
 ('주방', 0.9984891414642334),
 ('하나', 0.9984356164932251)]
```

긍정 후기와 부정 후기 각각에 대해서 '음식'이라는 단어와 연관 있는 단어들을 출력해 보았습니다. 긍정 후기 데이터에서는 '만족', '뷔페', '직원', '추천'과 같은 단어들이 눈에 띄었지만, 부정 후기 데이터에서는 '주문', '비린내'와 같은 단어가 눈에 뜨입니다. 이후에 단어 페어들 간의 연관도를 산출한 후 중심성 계수 산출 및 네트워크 시각화까지 하면 더욱 풍부한 해석을 할 수 있습니다.

찾아보기

잡아라! 텍스트 마이닝 with 파이썬

지금 바로 할 수 있는 데이터 추출과 분석

출간일	2019년 4월 30일 1판 4쇄

지은이	서대호
펴낸이	김범준
기획	이동원
책임편집	김용기
교정교열	김의수
편집디자인	홍수미
표지디자인	유재헌

발행처	비제이퍼블릭
출판신고	2009년 05월 01일 제300-2009-38호
주소	서울시 종로구 중학동 19 더케이트윈타워 B동 2층 WeWork 광화문점
주문/문의	02-739-0739 **팩스** 02-6442-0739
홈페이지	http://bjpublic.co.kr **이메일** bjpublic@bjpublic.co.kr

가격	17,000원
ISBN	979-11-86697-78-8

한국어판 © 2019 비제이퍼블릭